APRENDER PARA GANHAR, CONHECER PARA COMPETIR

sobre a subordinação da educação na "sociedade da aprendizagem"

Questões da Nossa Época
Volume 41

Dados Internacionais de Catalogação na Publicação (CIP)
(Câmara Brasileira do Livro, SP, Brasil)

Lima, Licínio C.
  Aprender para ganhar, conhecer para competir : sobre a subordinação da educação na "sociedade da aprendizagem" / Licínio C. Lima. – São Paulo : Cortez, 2012. – (Coleção questões da nossa época ; v. 41)

Bibliografia.
ISBN 978-85-249-1862-9

1. Aprendizagem 2. Capitalismo 3. Educação – Finalidades e objetivos 4. Política educacional 5. Sociedade do conhecimento 6. Sociologia educacional I. Título. II. Série.

12-00655   CDD-370.11

Índices para catálogo sistemático:

1. Sociedade da aprendizagem : Educação   370.11
2. Sociedade do conhecimento : Educação   370.11

Licínio C. Lima

APRENDER PARA GANHAR, CONHECER PARA COMPETIR
sobre a subordinação da educação na "sociedade da aprendizagem"

APRENDER PARA GANHAR, CONHECER PARA COMPETIR
Licínio C. Lima

Capa: aeroestúdio
Preparação de originais: Solange Martins
Revisão: Ana Paula Ribeiro
Composição: Linea Editora Ltda.
Coordenação editorial: Danilo A. Q. Morales

Nenhuma parte desta obra pode ser reproduzida ou duplicada sem autorização expressa dos autores e do editor.

© 2012 by Autor

Direitos para esta edição
CORTEZ EDITORA
Rua Monte Alegre, 1074 – Perdizes
05014-001 – São Paulo – SP
Tel.: (11) 3864-0111   Fax: (11) 3864-4290
E-mail: cortez@cortezeditora.com.br
www.cortezeditora.com.br

Impresso no Brasil – maio de 2012

"As escolas de tipo vocacional, isto é, aquelas desenhadas para satisfazer interesses imediatos e práticos, estão a começar a predominar sobre a escola formativa, que não é imediatamente *prática*. O aspecto mais paradoxal de tudo isto é que este novo tipo de escola surge e é advogado como sendo democrático, quando de fato é destinado não meramente a perpetuar diferenças sociais, mas a cristalizá-las em complexidades chinesas."

Antonio Gramsci

Sumário

Prefácio 9

Introdução 15

I. A educação faz tudo? 27
   1. A apologia da aprendizagem útil para a empregabilidade 27
   2. Do poder da educação 36
   3. Pedagogismo e subordinação 42

II. Sobre a pesquisa em educação 51
   1. Uma pesquisa útil, rumo à competitividade econômica 52
   2. Políticas e práticas de pesquisa em educação ... 60
   3. Avaliação e perspectivas futuras 71
   4. Saberes, poderes e decisão política 79

III. Educação, Estado, sociedade civil 93
   1. O caso da educação de adultos 95
   2. Para uma tipologia das organizações da sociedade civil na educação de adultos 102
   3. A educação não formal e a emergência de novos processos de formalização 109

Referências bibliográficas 115

Prefácio

O tom apologético subjacente ao título deste trabalho — *Aprender para ganhar, conhecer para competir* —, ao estilo dos lemas mobilizadores inscritos em programas e orientações de política educacional de muitos governos e instituições internacionais, simboliza, aqui, a deriva utilitarista que se vem abatendo sobre a educação no novo capitalismo.

O autor pretende contribuir para a crítica daquela tendência, sinalizando no subtítulo o seu principal argumento: a subordinação da educação e do conhecimento a objetivos predominantemente instrumentais e de promoção da rivalidade, no contexto da agora denominada "sociedade da aprendizagem e do conhecimento".

Com efeito, em poucas décadas, transitou-se do elogio do "Aprender a Ser", ainda que de contornos teóricos algo sincréticos e alvo de recepções variadas em termos de políticas governamentais — entre abordagens humanistas, críticas, de feição social-democrata ou modernizadora —, para a máxima, de conotação simultaneamente utilitária e bélica, do "Aprender para Ganhar".

É certo que, ao longo da história, os discursos políticos e pedagógicos em defesa da educação e da aprendizagem nunca foram indiferentes aos ganhos individuais e aos benefícios coletivos. O crescimento econômico e o emprego, a produtividade e o rendimento, conheceram maior ou menor protagonismo consoante as respectivas visões do mundo, os sistemas filosóficos adotados, as distintas filiações políticas. O próprio conceito de "Educação Permanente", que emergiu a partir da década de 1960 impulsionado pela Unesco e por outras instituições internacionais, e que conheceu algum protagonismo político-normativo durante as duas décadas seguintes, mesmo sujeito a entendimentos diversos, compreendeu sempre as vertentes da educação para a economia e o mundo do trabalho (defendendo também a sua democratização), a formação e a reconversão profissionais em face da aceleração das mudanças tecnológicas (não raramente sob um certo determinismo tecnológico), a educação ao longo da vida e a formação contínua (ideias generosas, mas por vezes confundidas com escolarização permanente e formalização extensiva). Tudo isso, contudo, num fundo humanista, por vezes de acentuado vigor crítico e utópico, buscando o ideal de uma educação integral e acentuando os contributos, incontornáveis, da educação para a humanização, a democratização e a mudança social.

Olhando para trás, mesmo sendo forçado a admitir importantes obstáculos que permanecem e insucessos que se perpetuam, é impossível deixar de reconhecer os impactos positivos da democratização da educação e de uma escolarização pública mais prolongada e generalizada; da promoção dos direitos humanos, da democratização das relações sociais de todo o tipo e da mobilidade social, ao acesso ao conhecimento, ou à transformação da condição social da criança, por exemplo. Aquisições sempre precárias e passíveis de retrocesso, como se sabe, de resto confrontadas, mesmo em contextos altamente desenvolvidos do ponto de vista educacional, com problemas novos e, frequentemente, com velhas ameaças. Uma educação democrática e cidadã, entendida como direito humano fundamental, nunca é uma realização definitiva e, tal como a democracia (sempre a exigir um processo de permanente democratização), demanda o aprofundamento da educação do Público, em todas as suas dimensões, como processo educativo nunca inteiramente consolidado, mas antes sempre inacabado.

É essa amplitude de propósitos, ou multidimensionalidade educativa, que se encontra, hoje, sitiada pela monorracionalidade econômica e vocacionalista, transformando cada educando em "capital humano", adaptado para servir os imperativos da competitividade econômica à escala global. Dessa forma abandonando, ou reconvertendo pragmaticamente, os ideais de uma educação democrática, humanista e crítica, orientada para a transformação do *status quo* e para a construção de novas possibilidades, também mesmo no domínio da democratização da economia e das relações de trabalho, bem como no da criação de melhores, e mais sustentáveis, condições de vida num planeta que é a nossa casa comum. As tensões são, por isso, permanentes, dado que, como observa Michael Apple (2011, p. 29), a educação tem "não apenas um papel de reprodução da dominação, mas também um papel de desafiar a dominação".

Ao coligir e articular alguns textos que produzi nos últimos anos sobre as problemáticas referidas, embora incidindo apenas sobre uma parte das questões nelas implicadas, pretendo analisar, mas também contestar, através de um registro assumidamente ensaístico e sem qualquer intenção de me abster de controvérsias, as teses inerentes ao lema "Aprender para Ganhar, Conhecer para Competir". Um lema que, nos seus exatos termos, foi por mim composto com propósitos de interpretação crítica, embora na rigorosa observância dos racionais políticos e dos respectivos princípios educacionais e, também, das máximas legitimadoras e mobilizadoras, que encontrei plasmados em discursos de política educacional.

Objetos de extensa revisão e ampliação, sob uma introdução comum agora elaborada, os três textos principais aqui reunidos correspondem a várias intervenções públicas, apresentadas em distintas ocasiões.

No primeiro caso — "A educação faz tudo?" —, tratou-se, inicialmente, da "Oração *De Sapientia*" proferida a 17 de fevereiro de 2009 nas comemorações do 35º aniversário da Universidade do Minho, publicada no ano seguinte, já com diversas alterações, na *Revista Lusófona de Educação* (n. 15).

O trabalho "Sobre a pesquisa em educação" resulta de duas intervenções: a conferência de encerramento do 1º Fórum de Investigação em Ciências da Educação, realizada a 17 de outubro de 2009 na Universidade de Lisboa e publicada em 2010 na Revista de Ciências da Educação *Sísifo* (n. 12), e a participação no Seminário organizado em Lisboa, a 6 de outubro de 2008, pelo Conselho Nacional de Educação, subordinado ao título "Conhecimento e Decisão Política em Educação".

Finalmente, o terceiro e último texto, sobre "Educação, Estado, sociedade civil", retoma a intervenção no painel de encerramento, realizado a 16 de julho de 2007, do Seminário da Sociedade Europeia de Investigação em Educação de Adultos, que ocorreu em Braga, organizado pela Unidade de Educação de Adultos da Universidade do Minho. Subordinado ao tema geral daquele seminário — "A mudança das relações entre o Estado, a Sociedade Civil e o Cidadão: implicações para a educação e aprendizagem dos adultos" —, o trabalho surge agora a público, pela primeira vez, em língua portuguesa, após uma primeira versão publicada em inglês e integrada na obra editada por António Fragoso, Ewa Kurantowicz e Emilio Lucio-Villegas (*Between Global and Local. Adult Learning and Development*, Peter Lang, 2011).

Braga, novembro de 2011.

L. C. L.

Introdução

A atribuição de uma centralidade inédita à educação e ao conhecimento, na agora designada "sociedade da aprendizagem" e "sociedade cognitiva", embora de grande relevância, tende, porém, a exagerar o poder da educação e do conhecimento, atribuindo-lhes propriedades salvíficas. Contraditoriamente, ao fazê-lo corre o risco de lhes diminuir drasticamente a amplitude, subordinando educação e conhecimento a funções restritas e de caráter predominantemente utilitarista, de que resulta a sua desvalorização em termos substantivos e o esbatimento das suas potencialidades críticas e transformadoras, de compromisso com o aperfeiçoamento humano, com o aprofundamento da democracia, com as demandas de justiça e de cidadania ativa.

Sob uma orientação genérica de feição adaptativa e funcional, em face de desafios da economia, da inovação e da competitividade, que tendem a ser assumidos como consensuais, ou como "sem alternativa", a educação parece poder tudo, embora para fazer pouca coisa, ou seja, ela poderá muito, mas terá uma potência limitada em termos de alcance. Exige-se-lhe que seja mais eficaz na criação das condições propícias à adaptação dos indivíduos ao mundo complexo e competitivo em que vivem, dotando-os das competências e habilidades necessárias à sua sobrevivência e, ainda, das qualificações e dos conhecimentos que permitirão a inovação científica, tecnológica e empresarial requerida pela "economia do conhecimento" e pela "sociedade da informação". A "aprendizagem ao longo da vida" é, por essa razão, definida como a "chave" que permitirá o acesso de cada um a esse mundo novo que, parcialmente, existe já, evitando que o indivíduo fique para trás, enclausurado nos seus limites, *deficits* e lacunas, sem horizontes e sem vantagens competitivas para progredir. O ajustamento de cada um de nós ao mundo do nosso tempo é considerado indispensável, mas insuficiente; será imprescindível que sejamos mais performativos e mais competentes para responder aos imperativos de eficácia e eficiência, de inovação e de competitividade, impostos por uma sociedade cada vez mais complexa.

Parece, por vezes, que retornamos à metáfora da educação como *luz*, capaz de "redimir os homens do erro, das trevas e do mal", como defendeu o pensamento pedagógico republicano português no início do século XX, a propósito da alfabetização, na esteira da tradição iluminista, de uma certa ideia de progresso e de esclarecimento. E haverá, provavelmente, alguns elementos em comum com essa tradição, especialmente nos casos em que ocorreu já uma certa deriva positivista e modernizadora, uma exagerada fé nas capacidades ilimitadas do conhecimento científico-racional, e uma concepção de educação de feição vanguardista. Tais elementos tendem, agora, a ser renovados e ampliados por poderosos instrumentos comunicativos e de gestão da informação à escala global, e até mesmo por um certo ativismo, impulsionado pela fabricação e disseminação de consensos institucionais e respectivos *slogans* ou lemas mobilizadores. Mas à amplitude do conceito de educação, e às ideias de emancipação, aperfeiçoamento, liberdade e autonomia, corresponde agora uma concepção de aprendizagem útil e eficaz, sob o lema da rivalidade e da livre escolha no mercado da aprendizagem.

No caso europeu, atualmente marcado por "exageros e profecias", e por "excesso de futuro" (Nóvoa, 2002, p. 137-8), tal mundo é politicamente expresso de variadas formas, da "Estratégia de Lisboa" à "Estratégia Europa 2020", incluindo máximas e objetivos como a constituição da "economia do conhecimento mais competitiva e dinâmica do mundo", da "Europa do conhecimento" e do "crescimento inteligente, sustentável e inclusivo", ou ainda da "Europa do emprego".

Invariavelmente, nos documentos europeus referidos, e noutros de origem governamental, tal como, de resto, em documentos de política de importantes instituições internacionais (OCDE, Unesco etc.), a educação foi cedendo o seu lugar à aprendizagem ao longo da vida, à aquisição de competências e de habilidades tendo em vista atingir objetivos de crescimento econômico e de competitividade, de inclusão social e de cidadania, que são geralmente expressos através de lemas apresentados em estilo épico, consensual ou, mesmo, sem alternativa racional, e quase sempre com intuitos de justificação.

O fenômeno referido não é exclusivo da União Europeia. Referindo-se ao Brasil e ao exagero da atribuição à educação e à escola de um poder desmedido ou absoluto, Sonia Rummert (2007, p. 58-9) observa que "segundo a tendência fortemente hegemônica em âmbito nacional, os discursos atribuem à educação o ônus de colocar o país em lugar de destaque no quadro econômico internacional". Dessa feita, prossegue a autora, a educação tende a ser apresentada "como via de superação das assimetrias de poder entre os países centrais e aqueles que aspiram ao ingresso no bloco hegemônico internacional, bem como entre classes, frações de classe e indivíduos" (ibid., p. 59). Trata-se da "crença no sentido mítico e mágico da educação" (ibid., p. 60) e, poderia ser acrescentado no caso dos países, também de uma espécie de nacionalismo educacional, regenerador e salvífico, que assenta na promoção de uma formação adequada, competente e competitiva, e num mandato frequentemente "qualificacionista, compensatório e particularista" no que concerne, por exemplo, a educação de jovens e adultos (Antunes, 2011, p. 26), para atingir objetivos sobretudo econômicos. Ora é exatamente o reducionismo que marca os objetivos da educação e da escolarização, concentrando-os de forma estreita na esfera econômica capitalista, que revela as concepções subordinadas de educação e de aprendizagem: todo-poderosas na promoção da adaptação ao mundo e no desenvolvimento de um certo tipo de sociedade, mas aparentemente incapazes de se engajarem na transformação do mundo, e de contribuírem para mudanças sociais não apenas funcionais e cirúrgicas.

De acordo com a análise realizada por Donald Gillies (2010) a um extenso *corpus* de documentos de política educacional de países europeus, a hegemonia dos objetivos econômicos tomou conta do discurso educacional e de uma grande parte das medidas governamentais (crescimento econômico, economia próspera, desenvolvimento econômico, competitividade econômica, produtividade, sucesso econômico...), reatualizando a Teoria da Capital Humano da década de 1960. Essa teoria concebia a educação como um investimento individual que produziria retorno na forma de uma vida economicamente produtiva, seja em termos privados, seja em termos de empregos, de salários, de impostos, de crescimento econômico e de coesão social para o Estado (ibid., p. 106).

Dificilmente se pode deixar de reconhecer idêntico racional — que poderia ser designado de economismo educacional —, nos documentos produzidos pela União Europeia, não obstante a maior complexidade das relações entre educação e trabalho, e apesar da crise econômica e dos níveis crescentes de desemprego estrutural que se abatem sobre as novas gerações, paradoxalmente mais habilitadas do que em nenhum outro momento da história. Num dos mais recentes documentos, a Comunicação da Comissão ao Parlamento Europeu, ao Conselho, ao Comitê Econômico e Social Europeu e ao Comitê das Regiões, intitulado *"Apoiar o Crescimento e o Emprego — Uma agenda para a modernização dos sistemas de ensino superior na Europa"* (CE, 2011), retorna-se à ideia do necessário investimento na educação, na pesquisa e na inovação como elementos de regeneração da economia e da sociedade. A valorização da educação humana e do desenvolvimento democrático e social, embora presente, tende a ser subsumida pela lógica dominante da "criação de um capital humano altamente qualificado", buscando alcançar a criação de emprego, o crescimento econômico e a prosperidade (CE, 2011, p. 2). Sendo impossível considerar tais dimensões desprezíveis, ou menos relevantes em termos políticos, não está em causa a necessidade de a educação e a produção de conhecimento científico assumirem as suas responsabilidades sociais, participando ativamente na procura de soluções para os problemas que enfrentamos. É porém indispensável admitir, abertamente, que a definição dos "problemas" e a busca de possíveis "soluções" não ocorrem num vazio político e axiológico, nem são um dado *a priori* e inquestionável, já para além dos objetivos da educação, da aprendizagem e do conhecimento, como se em tais contextos todos fôssemos uma espécie de *alunos*, ou de *assistentes de pesquisa*, à procura do sucesso individual, seguindo respeitosamente o *mestre*, aceitando os caminhos que nos são univocamente apontados, sendo úteis e competentes na execução dos grandes desígnios que nos são apresentados como certos, ou sem alternativas que mereçam ser debatidas. A pedagogização dos problemas sociais e econômicos não corresponde apenas a uma visão ingênua do poder da educação, ou a uma ideologia pedagogista que, ao invés de valorizar a educação e o conhecimento em termos substantivos, os submetem a agendas mais ou menos restritas de desenvolvimento dos recursos humanos e de qualificação da mão de obra. Em tal caso, conferindo à aprendizagem e ao conhecimento uma dimensão predominantemente instrumental, concentrando-os apenas sobre certas áreas de intervenção consideradas prioritárias, naturalizando opções societais e modelos de desenvolvimento, despolitizando as opções políticas antes tomadas, ou implícitas, em todos os programas propostos. No limite, reduzindo os conflitos políticos, os problemas econômicos e o desemprego, bem como as desigualdades sociais de todo o tipo, à condição de problemas pedagógicos e de aprendizagem.

Veja-se, meramente a título de exemplo, como o acima referido documento da União Europeia se revela um concentrado poderoso de concepções políticas, educativas e científicas, tendencialmente apresentadas de forma consensual e sem nunca duvidar da legitimidade das suas opções e da justeza dos caminhos que indica: remete para o "triângulo do conhecimento", que compreende a educação, a pesquisa e as empresas (CE, 2011, p. 8), desvalorizando implicitamente outros atores e outros saberes, invisibilizando as Humanidades e uma boa parte das Ciências Sociais; adota, sem qualquer discussão, uma concepção competitiva de educação superior, em busca de vantagens comparativas relativamente aos EUA; estimula competências empreendedoras, mas tende a ignorar outras de mais largo, e distinto, espectro; associa a criatividade à flexibilidade e à capacidade de adaptação, mas não à transformação; assume uma definição de conhecimento já não como um bem público, comum, mas sobretudo como um bem comercializável e objeto de competição mundial; opta implicitamente por uma certa definição de Estado e de políticas públicas que não discute, embora essa definição seja muito discutível; define a Europa como um bloco econômico em situação de risco e de perda de hegemonia — em face de um passado que é quase sempre apresentado como glorioso, uno e, aparentemente, sem guerras ou conflitos —, dado que "a competição mundial pelo conhecimento e o talento já não é ditada pela Europa, face ao rápido aumento do investimento das economias emergentes no ensino superior"; para além das competências indispensáveis à "economia do conhecimento", outro lema objeto de grande simplificação, entende ser necessário "um conhecimento sólido do domínio escolhido" por cada aprendente, mas apenas nomeia quatro domínios (ciências, tecnologias, engenharia, matemática), incluindo todos os não nomeados sob o "*etc.*" final.

Em geral, trata-se de submeter a educação e a produção de conhecimento científico a um critério de "relevância". Como observa Guy Neave (2010, p. 23) para o caso da educação superior, tal relevância é "baseada na assunção de que a mudança econômica deverá determinar o conteúdo da aprendizagem", uma decorrência da nova "missão" e da "visão" institucionais. Mas apesar da ressonância religiosa desses termos, como lembra o mesmo autor (ibid., p. 15-6), é a sobredeterminação do mundo dos negócios, do planeamento estratégico e dos indivíduos enquanto recursos humanos, que sempre ocorre de forma bem mais prosaica e contraditória.

A ideia, hoje dominante, da "qualificação dos alunos" e da "valorização do capital humano", presente em praticamente todos os programas dos governos dos Estados-membros da União Europeia, mas não só, conduz a exageros positivistas de diverso tipo, como o de afirmar que a "educação determina de forma indelével o nosso futuro coletivo", segundo o programa do XIX governo de Portugal. Congruentemente, é adotada uma visão focalista, centrada de forma relativamente insular na importância dos exames nacionais, das disciplinas consideradas "essenciais", das "competências-chave", das "qualificações básicas", ou dos "saberes fundamentais", segundo uma visão amputada e fragmentada do currículo escolar. Uma nova hierarquização dos saberes escolares está em curso, em função da competitividade econômica e da empregabilidade. E na educação superior o fenômeno é ainda mais intenso, pois, como defendia recentemente um alto responsável político, aí a competição é em nível mundial, em torno de um "bem transacionável" e passível de "exportação"; o resultado da "pressão sobreadaptativa" que visa conformar o ensino e a pesquisa às exigências econômicas, técnicas e administrativas, marginalizando a cultura humanista, como observam criticamente Stéphane Hessel e Edgar Morin (2011, p. 49).

A solidariedade e o bem comum, a igualdade de direitos e de oportunidades, a democracia e a justiça, embora genericamente admitidas nas introduções, ou exposições de motivos, dos diversos documentos de política, parecem responder mais a quesitos legitimadores e de ordem retórica, do que a eixos coerentemente assumidos em termos de decisão política. Isso tem conduzido a um estreitamento, sem precedentes, da educação pública, subjugada às políticas econômicas, conforme tem sido observado à escala internacional. A Unesco, através do "Marco de Ação de Belém", resultante da CONFINTEA VI (Unesco, 2009, p. 20), observa relativamente à educação de adultos: "Embora estejamos testemunhando uma crescente variedade de programas de aprendizagem e educação de adultos, o principal foco da oferta é a educação e capacitação profissional e vocacional". Consequentemente, conclui aquele texto (ibid., p. 21-2), "Faltam abordagens mais integradas à aprendizagem e educação de adultos para tratar do desenvolvimento em todos os seus aspectos (econômico, sustentável, comunitário e pessoal)". A igualdade de gênero, as necessidades dos povos indígenas, das populações rurais e dos migrantes, das minorias, a promoção das línguas maternas, são outros dos elementos criticamente apontados pela Unesco, exatamente por não serem integrados no "vasto leque de conteúdos — aspectos gerais, questões vocacionais, alfabetização e educação da família, cidadania [...]" que seriam necessariamente imputados ao conceito amplo e multifacetado de aprendizagem ao longo da vida, "do berço ao túmulo", que aquela organização define como "uma filosofia, um marco conceitual e um princípio organizador de todas as formas de educação, baseada em valores inclusivos, emancipatórios, humanistas e democráticos, sendo abrangente e parte integrante da visão de uma sociedade do conhecimento" (ibid., p. 6-7).

Comentando a agenda do Fórum Internacional da Sociedade Civil (FISC), que precedeu a CONFINTEA VI, Carlos Alberto Torres (2011, p. 35) observa que "Na perspectiva das organizações da sociedade civil, a educação de adultos deve contribuir para o bem-estar dos indivíduos e das comunidades e para a promoção de uma cidadania democrática, e não apenas para o desenvolvimento econômico ou o emprego como a maioria dos documentos governamentais enfatiza". E, em idêntica linha de amplitude, Moacir Gadotti (2009, p. 17) sustenta que a educação "é necessária para a conquista da liberdade de cada um e o seu exercício da cidadania, para o trabalho, para tornar as pessoas mais autônomas e felizes. A educação é necessária para a sobrevivência do ser humano". Ou seja, a força da educação nunca é ignorada, ou denegada, mas, curiosamente, ela parece ser mais consistentemente potenciada, com realismo e sem exageros épicos, pacientemente e sem perder a esperança, quando apresentada de forma mais modesta e consciente dos seus limites, embora resiliente e sem desistir da tentativa de mudar o mundo social, axiologicamente definida e politicamente clara, capaz de se incorporar em dinâmicas sociais de transformação sem se deixar aprisionar por esquemas reducionistas e por impulsos vanguardistas e modernizadores, apresentados como neutros, ou como sem alternativa técnico-racional, recusando já, nesse caso, a sua "politicidade" para se apresentarem, arrogantemente, como incontestáveis, até ao limite do totalitário.

Parafraseando Vitor Paro (2008), o poder da educação, quando apresentado em abstrato e fora da relação social entre sujeitos, acaba, paradoxalmente, por resultar numa concepção despolitizada de educação, em boa parte porque assente em pretensos consensos, em noções de senso comum aparentemente partilhadas, em generalizações vagas e em discursos grandiloquentes, hoje propagados à escala global, à velocidade das tecnologias da informação e comunicação, apresentados de acordo com as melhores práticas de promoção de um produto comercial. É, porém, indispensável recordar que os atores educativos são atores sociais dotados de poderes e envolvidos em relações sociais assimétricas. Educadores e educandos, além do mais, são sujeitos que exprimem vontades, interesses, opções, recusas. No limite, como observa Paro (ibid., p. 30-1), o educando só aprende se quiser e o educador precisa de querer ensinar para conseguir fazê-lo. Esse mínimo de cooperação mútua, que é um pré-requisito na maioria das modalidades de educação formal e não formal, remete mais para relações de solidariedade do que de competitividade. Nesse sentido, talvez a "redução da competitividade", ou mesmo a "descompetitivização" (Hessel e Morin, 2011, p. 26), sejam indispensáveis, também no mundo da educação e enquanto parte "do caminho da esperança" que aqueles autores propuseram recentemente ao partirem do pressuposto de que "A competitividade é uma forma exacerbada de concorrência que se exerce em detrimento das condições de trabalho no seio das empresas [...]" (ibid., p. 40). Com efeito, sempre que o padrão de competitividade econômica é tomado como referência dominante para reformar a educação e para promover a aprendizagem, como se a economia capitalista esgotasse a pluralidade das motivações humanas, a re-humanização da educação resulta mais difícil. Porque resultam mais improváveis as articulações possíveis entre esse referencial de competitividade e qualquer concepção de educação que não aliene os seus objetivos de contribuir para a democratização da economia e para a justiça econômica, para a advocacia da economia verde, da economia social e solidária, ou de formas de economia popular e de comércio justo, por exemplo, assumidos como instrumentos do desenvolvimento humano sustentável, rejeitando a erosão dos compromissos sociais e a hegemonia do lucro.

Subjugados ao modelo econômico dominante, funcionalmente adaptados e promotores da reprodução eficaz desse modelo, a educação, a aprendizagem e o conhecimento mais dificilmente poderão, e ousarão, comprometer-se com a promoção da humanização dos seres humanos, da compreensão empática e crítica da nossa condição, da transformação social e da revitalização da democracia. A tão propalada "sociedade cognitiva" seria, afinal, para quem e a favor de quê? Limitada à qualificação dos trabalhadores atuais e futuros, desenvolvida à margem dos princípios e das práticas de uma "democracia cognitiva", decerto incompatível com o vocacionalismo reinante, tal "sociedade cognitiva" resultaria, para a maioria das pessoas, em novas formas de desigualdade e de alienação, de competitividade degenerada, de cidadania submissa, sob o signo da meritocracia e, paradoxalmente, da celebração das virtudes da aprendizagem prática e do conhecimento útil.

I

A educação faz tudo?

1. A apologia da aprendizagem útil para a empregabilidade

Optei por iniciar este texto através de uma interrogação pouco canônica, mas que me parece inteiramente justificada pela nossa relação, historicamente contraditória e hiperbólica, com a educação. Num passado não muito remoto, a educação do povo não servia para nada e arriscava-se a contaminá-lo pela cultura letrada, com prejuízo para a sua celebrada rusticidade e autenticidade. No presente, pelo contrário, parece que a educação tudo pode e tudo deve realizar, sobretudo quando funcionalmente adaptada aos imperativos da economia, reconvertida em aprendizagem de "habilidades economicamente valorizáveis" ou em "qualificações para o crescimento econômico", segundo as categorias dominantes nos discursos de política educacional.

Em tal contexto, a pergunta parece-me incontornável: a educação faz tudo?

Convoco, a este propósito, a história da pintura para equacionar o poder da educação e da aprendizagem, nunca antes celebrado com semelhante vigor. Tomo como ponto de partida o que poderia ser metaforicamente designado como A *Educação Segundo Fragonard*.

Nascido em 1732, na Provença, Jean-Honoré Fragonard é um pintor muito conhecido. Talvez a sua obra mais célebre seja *O baloiço*, cuja fama a tem remetido para o contexto adocicado de inúmeras caixas de chocolates, mas que também balouçou *pelos ares no espaço*, em poema de Jorge de Sena. Outros trabalhos seus podem, curiosamente, ser integrados num universo de tipo educacional, como acontece com *A Lição de música*, *O estudo* e *A leitora*, este último também objeto de muitas reproduções. Mas nenhum outro vem mais a propósito do que aquele que se encontra no Museu de Arte de São Paulo. No início de 2007, o MASP exibia um pequeno óleo sobre tela, que faz parte do seu acervo, intitulado exatamente *A educação faz tudo*. Nessa pintura, um pequeno grupo de crianças observa atentamente a execução de difíceis *habilidades*, desempenhadas pelas duas personagens principais do quadro, as únicas, de resto, que são apresentadas em posição frontal diante do observador. É interessante notar que o papel de "mestre" é desempenhado pela criança mais velha do grupo, a qual dirige a ação, alegadamente a partir do poder da "educação", empiricamente confirmado pela *performance* excelente de dois simpáticos cães amestrados.

A propósito dessa obra parece difícil deixar de pensar na situação de confusão terminológica e de sincretismo conceitual que é hoje observável em torno das políticas e das práticas de educação, formação e aprendizagem ao longo da vida, ou na afirmação inabalável contida no título atribuído à pintura. Mesmo quando se afirma que os debates teóricos sobre princípios e concepções de educação estão hoje ultrapassados, em função dos grandes consensos estabelecidos, como sentenciou, em 1995, o Livro Branco sobre Educação e Formação, da Comissão das Comunidades Europeias, intitulado *Ensinar e aprender. Rumo à sociedade cognitiva* (CCE, 1995); ou ainda que reconheça que a solução não reside na busca de definições essencialistas ou primordiais, pretensamente puras, para lidar com construções históricas e culturais. Essas dificuldades, contudo, não justificam o relativismo, a despolitização e a recusa da historicidade daqueles conceitos, cujo estudo e discussão fazem parte do nosso trabalho de ensino e de pesquisa.

Como na obra de Fragonard, embora agora à margem de objetivos estéticos e de recursos imagéticos, a celebração quase épica da educação todo-poderosa e das suas propriedades salvíficas, em face dos problemas sociais e econômicos no novo capitalismo, parece por vezes resvalar para os universos do simples adestramento, ou até mesmo do amestramento.

Ao contrário do que insinua a pintura de Fragonard, a *educação não faz tudo*, e nem tudo pode ser reconhecido como educação.

A educação, enquanto direito humano, comporta limites normativos, ético-políticos e morais, que são incompatíveis com fenômenos de amestramento, endoutrinamento ou condicionamento dos seres humanos. É por essa razão que as pedagogias críticas e as abordagens pedagógicas humanistas-radicais criticaram as lógicas de "extensão", o vanguardismo e o *slogan* em práticas educativas democráticas. Paulo Freire destacou-se, desde a década de 1960, no movimento de crítica ao que designou por "educação bancária", até ao último livro que escreveu, intitulado *Pedagogia da autonomia*, onde voltou a insistir em que a educação, "não é a ação pela qual um sujeito criador dá forma, estilo ou alma a um corpo indeciso ou acomodado" (Freire, 1997,

p. 25). E, no entanto, vários discursos de política educacional continuam a apelar a lógicas vanguardistas, a programas e a campanhas de índole *extensionista*. Recorde-se que, segundo Freire (1975, p. 25), a "extensão educativa" assume um caráter de salvação que é típico da educação como prática de "domesticação". Pelo contrário, para ele, "Educar e educar-se, na prática da liberdade, não é estender algo desde a *sede do saber*, até a *sede da ignorância* para *salvar*, com este saber, os que habitam nesta". Aqui reside o caráter antidialógico da extensão, baseado na "necessidade que sentem aqueles que a fazem, de ir até *outra parte do mundo*, considerada inferior, para, à sua maneira, *normalizá-la*. Para fazê-la mais ou menos semelhante a seu mundo" (ibid., p. 22). Trata-se, para o autor, de uma clara associação entre extensão e "transmissão, entrega, doação, messianismo, mecanicismo, invasão cultural, manipulação, etc." (ibid.), e agora, convém notar, através de novos recursos comunicativos à escala global. Como conclui Stephen Ball (2007, p. 141), "Novos tipos de aprendizagem são prometidos [...] a aprendizagem está no centro do processo de melhoria social e é referida em novos termos", frequentemente integrando o discurso educativo oficial, que promete "novas oportunidades" para os jovens e para os ativos desempregados (como atualmente no caso português), capazes de vencer, de acordo com os exatos termos que utiliza, as suas "debilidades", os seus "deficits" e as suas "lacunas", em termos de "qualificações para o crescimento econômico".

A aprendizagem ao longo da vida chega a assemelhar-se a um medicamento administrado para tratar dos males de que tantos pacientes sofrem; se convenientemente cumprida a posologia, maiores serão as possibilidades de cura do indivíduo (do "paciente", como diria Freire criticamente), situação em que a própria investigação em educação não teria por vocação primeira a compreensão dos fenômenos educativos, mas antes aspiraria ao estatuto de tecnociência e a vir a ser adotada como uma espécie de *literatura inclusa* das medidas de política educativa (Lima, 1995). O problema é que o ambiente, ou melhor dizendo, a estrutura social, não é alterável por este método, e que no caso da chamada formação para a "empregabilidade", como em muitos outros, a solução está longe de ser apenas individual, mesmo quando a visão mais comum sobre a empregabilidade, segundo Dowbor (2001, p. 63), repouse na ideia de que cada indivíduo, através da formação, aumentará a sua capacidade individual de conseguir um emprego. Mas, para além disso, a terapia está também longe de poder, ou sequer de ter a intenção de, incluir toda a gente. Em muitos casos é limitada a processos de gestão da crise, amortecendo as taxas de desemprego através da inclusão de certos grupos em cursos ou ações, e através de bolsas de formação, na busca de efeitos paliativos. Nessas circunstâncias, o discurso da aprendizagem ao longo da vida chega mesmo a abandonar a sua conhecida teoria dos "*deficits* de aprendizagem" e de "qualificações", dado que abaixo de certos níveis de "qualificação", especialmente em setores sujeitos a fortes movimentos de reestruturação econômica e de mudança organizacional, deixa de haver "necessidades de formação e de aprendizagem", subsistindo apenas o excesso de mão de obra. Trata-se de uma parte dos "redundantes", do "refugo humano da modernização" ou dos "dispensáveis", a que se refere Zygmunt Bauman (2005) em *Vidas desperdiçadas*. Agora confrontados com o "fantasma da inutilidade" apontado por Richard Sennett (2006, p. 83), e com uma "economia das capacitações humanas portáteis", que continua a deixar a maioria para trás.

O conceito de "empregabilidade" revela-se, frequentemente, uma mistificação político-pedagógica, um dos símbolos da "exaltação conservadora da responsabilidade individual", transformando cada ator individual num "empresário dele mesmo", para usar as palavras de Pierre Bourdieu (2001, p. 28).

Há tempos, os trens do metrô de Londres apresentavam publicidade a um instituto de formação, prometendo uma "formação prática, tal como ela deve ser", "tempo de prática individual" e "formadores industrialmente qualificados". Trata-se de uma empresa multinacional de formação (*"international franchise"*), com quarenta e cinco *campi* no estrangeiro, apresentada como "um investimento de longo prazo" e como "a instituição tecnológica de formação de maior dimensão à escala mundial e, provavelmente, a de maior sucesso". Como muitas outras, é uma empresa de formação, integrada num complexo e competitivo "mercado de aprendizagem", procurando vender os seus produtos à escala global (Jarvis, 2000, p. 40). Como outras, rejeitará, provavelmente, o estatuto de instância educativa e, de acordo com a minha experiência de trabalho de campo realizado através de visitas e entrevistas em empresas congêneres, em vários países europeus, cobrará preços elevados e submeterá os formandos a testes e exames contínuos, considerando-os indicadores da excelência da sua formação; terá um "quadro de formadores" que considera altamente qualificado, exatamente porque não integra professores ou profissionais da educação, mas antes gestores e técnicos empresariais, de resto permanentemente em trânsito entre a sua empresa e o instituto de formação, razão pela qual as reuniões de coordenação pedagógica se revelam impossíveis de realizar; para além disso, rejeitará a formação de desempregados, não apenas por motivos econômicos, mas especialmente para evitar baixar o *status* da organização, utilizará recursos didáticos estandardizados e "*kits*" de formação, eventualmente em regime de franquia, e os seus responsáveis afirmarão desconhecer os mais importantes pedagogos da segunda metade do século XX, bem como estranharão qualquer pergunta acerca do conteúdo do seu "projeto" pedagógico ou do seu "ideário" educativo.

Entretanto, a ideia de escolha das oportunidades de aprendizagem passou a ser central, fruto de estratégias e racionalidades individuais, típicas de clientes e de consumidores de uma "indústria de prestação de serviços" (Ball, 2007) cuja emergência se baseia, segundo Stephen Ball (ibid., p. 24-8), em três "tecnologias políticas": mercados, novo gerencialismo, performatividade. O autor conclui que a "Educação não é mais uma realidade extraeconômica" (ibid., p. 32). Por sua vez, a aprendizagem é cada vez mais um assunto privado, e cada vez mais dependente da prestação de serviços segundo os estilos de vida, as culturas de aprendizagem, os perfis de consumo e as capacidades aquisitivas de cada indivíduo.

Com efeito, a apologia da aprendizagem individual parece correlativa das tendências para a individualização das relações de trabalho e, no limite, aponta para o modelo do "eu" empresarial, a realização mais radical e conseguida do ideal de "empresa flexível", capaz de substituir o trabalho assalariado pelo trabalho independente e o trabalhador pelo prestador de serviços, empresário e gestor da sua própria carreira. Como se os "ambientes de aprendizagem", as "oportunidades de aprendizagem", e de vida, fossem iguais para todos e não fossem influenciados por relações de poder, de classe, de gênero etc.

Sendo verdade que estamos a observar uma mudança de paradigma nas políticas educacionais, baseada na transição do conceito de *educação* para o conceito de *aprendizagem*, não creio, porém, que daí se possa concluir que isso seja imediatamente equivalente à mudança de uma educação e de uma aprendizagem que eram tradicionalmente providas e controladas sistemicamente pelo Estado, para formas individualizadas de controle, apenas levadas a cabo por cada *aprendente* (Alheit, 1999, p. 80). Em primeiro lugar porque o sistema econômico e o sistema educativo continuam a revelar-se os principais agentes indutores da transição paradigmática, a qual não ocorre espontaneamente ou à margem de agendas políticas e objetivos de controle, mesmo se esse controle se apresenta, por vezes, difuso ou remoto. E isso, mesmo aceitando que o Estado-nação perdeu protagonismo e que novas formas de regulação e metarregulação de tipo transnacional e supranacional têm emergido. A centralidade do Estado-nação e dos governos nacionais não foi, contudo, afastada, mas antes reconvertida, permanecendo aqueles como relevantes atores na produção e reprodução de políticas educacionais e das condições para a sua execução, mesmo quando sob novas influências políticas e formas de organização, em contextos de reforma do Estado, através da erosão das suas responsabilidades de provisão de uma rede pública de escolas, estabelecendo parcerias várias com organizações da sociedade civil, delegando responsabilidades e contratualizando com o mercado.

Assiste-se, assim, em graus variados e multimodos, a uma complexa transformação do papel do Estado na educação, especialmente por referência ao conceito de "Estado-providência" ou "Estado de bem-estar social" e às respectivas políticas de índole social-democrata, típicas de certos países centrais após a Segunda Guerra Mundial. É nesse contexto que a centralidade do papel do Estado permanece, ainda que reconfigurada, até mesmo para se revelar mais através de estratégias e programas, do que por meio de políticas propriamente ditas, de caráter estrutural, e para reconhecer como interlocutores legítimos novos atores da sociedade civil e novos parceiros oriundos do mercado, com quem passará a contratualizar novos processos de governação e provisão da educação, de organização curricular, de avaliação de alunos, professores e estabelecimentos de ensino, de organização e gestão das escolas etc. Em segundo lugar porque um *sistema controlado individualmente pelos aprendentes* pressupõe não só sujeitos autônomos, mas também dotados de racionalidade estratégica, talvez mesmo *olímpica*, como criticaria Herbert Simon (1957), para desenhar rotas individuais ótimas de aprendizagem, detendo os recursos indispensáveis à construção dos agora denominados "portfólios de competências". Até mesmo uma visão limitada, apenas em torno dos países centrais do sistema mundial, não deixaria de revelar quão assimétricos e seletivamente distribuídos são os recursos mencionados e, por definição, hierarquizados os estatutos dos diferentes *aprendentes* ou, mesmo, o acesso à simples categoria socioeducativa de *aprendente* ou de *formando*. Parece, portanto, mais aceitável admitir uma situação híbrida e complexa, tipicamente de transição. Uma combinação de formas de controle centralizado e sistêmico com formas de controle descentralizado e individual, de que resulta uma paisagem de feição tendencialmente policêntrica e protagonismos variados do Estado, do mercado e da comunidade. Mas mesmo as segundas pressupõem, a vários títulos, a ação do Estado nacional, ou de instâncias supranacionais, e algum grau de controle sobre os sistemas e as diferentes formas de organização e provisão de educação e formação, indispensáveis até mesmo para adotar e legitimar novos processos de regulação e desregulação e suas respectivas articulações.

Recorde-se que mesmo nos processos de reconhecimento, validação e certificação de competências dos adultos, realizados em larga escala, existem formas de controle central, *a priori* e *a posteriori*, com regras universalmente estabelecidas; já para não desenvolver aqui a questão do "Quadro Europeu de Qualificações" e respectivas recepções por parte dos Estados-membros da União, em busca de "conhecimento válido" para o mercado de trabalho; ou ainda o "Processo de Copenhaga", correlativo do "Processo de Bolonha" para a Educação e Formação Profissional, em execução através do chamado "método aberto de coordenação". Um método que se define como aberto mas que, na prática, evidencia poderosos mecanismos de convergência e de isomorfismo, baseados em múltiplos instrumentos, entre os quais a emulação e a competição, induzidas pela definição de *benchmarks*, por variados processos de monitorização, pilotagem e avaliação. Sem esquecer o efeito político dos *rankings*, formais ou informais, que comparam países, destacam "boas práticas" ou, ao invés, disponibilizam dados que podem ser explorados pelas forças políticas e sociais de oposição aos governos dos Estados-membros, no caso da União Europeia.

O poder da educação e da aprendizagem, qualquer que ele seja, não é compreensível no esquecimento dos fenômenos de poder e de controle institucionalizado que sobre a educação e a aprendizagem, de há muito, vêm conhecendo distintas formas de expressão. A chamada *Estratégia de Lisboa* é, a esse propósito, outro exemplo pertinente da indução da competitividade entre as autodesignadas "sociedades do conhecimento".

2. Do poder da educação

Como vimos, o pedagogismo hoje dominante, ou seja, a crença de que através da educação e da aprendizagem ao longo da vida é possível operar as mudanças sociais e econômicas consideradas imprescindíveis, tende a fornecer não só uma resposta positiva, mas também entusiástica, à nossa pergunta: a educação faz tudo? Mesmo se corre os riscos de adotar concepções atomizadas e reificadas de educação e aprendizagem.

Também no que concerne a esse problema, tendemos a menosprezar o capital de reflexões e debates que ocorreram no âmbito do pensamento filosófico e educacional, particularmente desde os tempos de Fragonard e do contexto mais geral da Ilustração.

Segundo Helvétius (1773, v. I, p. 332), na sua obra intitulada *Do homem, das suas faculdades intelectuais e da sua educação*, publicada em 1773, a educação pode tudo: "L'education peut tout". O autor atribuiu as diferenças entre os indivíduos inteiramente à educação e ao acaso. Mas, para ele, é a educação a principal responsável por tornar estúpido o ser humano ou, pelo contrário, por transformá-lo num ser perfeito e genial: "A educação faz de nós aquilo que nós somos", afirma (id., v. II, p. 334). Defensor da educação pública e da educação moral dos cidadãos, pretendeu demonstrar que os seres humanos não são senão o produto da educação que lhes é dada. Essa interessante valorização da educação, em face dos talentos e das virtudes inatas, antes responsabilizando os governos das nações e os mestres pela sua promoção, provém, contudo, de uma perspectiva positivista que concebe os seres humanos de modo mecanicista, como se fossem uma espécie de autômatos inteiramente moldáveis, de forma maleável, pela onipotente educação. Contudo, podemos encontrar nesta obra uma definição *avant-la-lettre* de educação ao longo da vida, ou educação permanente: "Eu continuo a aprender: a minha instrução não está concluída. Quando estará ela concluída? Quando eu não for mais suscetível: com a morte. O curso da minha vida não é mais do que um longo processo de educação" (id., v. I, p. 12).

A concepção de educação de Helvétius foi muito influente, nomeadamente entre os filósofos utilitaristas. James Mill, que, como observou Bertrand Russell (1977, p. 230), se guiou pelo francês na educação do seu filho John Stuart, escreveu: "Talvez nenhum outro homem tenha feito tanto para aperfeiçoar a teoria da educação como o Sr. Helvétius" (Mill, 1823, p. 18). Para Mill, o fim último da educação é a felicidade. Tal como o filósofo francês, elogiou "o poder da educação", declarando que "se a educação não pode tudo, dificilmente existe alguma coisa que a educação não possa realizar" (ibid., p. 19). Contudo, Mill referia-se à educação *lato sensu* considerada, não à educação formal, enquanto "escolarização", situação em que reconheceu que "a educação está realmente longe de ser todo-poderosa". O mesmo sucederia com a "educação técnica", relativamente à qual James Mill entendia que "a palavra Educação tem sido usada num sentido infelizmente restrito" (ibid., p. 37). A aprendizagem técnica deveria, segundo o autor, estar compreendida numa concepção mais geral de educação, coisa que não sucederia e que, por essa razão, mereceria crítica. As aprendizagens que os jovens realizavam no contexto das artes práticas deviam ser vistas, segundo ele, como parte integrante da sua educação. Porém, já então observava, criticamente: "até que ponto essas aprendizagens, tal como têm sido geridas até agora, têm sido bons instrumentos de educação, é uma questão de importância, acerca da qual dificilmente existe agora, entre homens ilustrados, alguma diferença de opinião" (ibid., p. 41-2).

O pedagogismo generoso de Helvétius e de Mill, entre outros, resultava de uma visão do mundo marcada pelo despotismo esclarecido, concebendo a educação como um instrumento todo-poderoso, e talvez infalível, para a promoção da transformação social e da felicidade humana; à semelhança de outros programas posteriores, de divergente inspiração, mas igualmente orientados pela demanda positivista de um "Homem Novo".

A educação, com efeito, está longe de ser desprovida de poder e de capacidade de transformação, embora, por outro lado, seja condicionada por elementos estruturais e também de ordem individual. Na sua "Refutação de Helvétius" (1773/1775), Diderot reconheceu as "muito belas páginas" do seu livro, mas não deixou de criticá-lo, uma vez que não será apenas a educação que fará dos seres humanos aquilo que eles são, mas também outros elementos, tais como o trabalho, o clima, a alimentação, o governo (Diderot, 1998, p. 575). Para Diderot, Helvétius revela-se uma espécie de "anti-Rousseau", acreditando que o ser humano é por natureza mau e que só a educação o pode tornar bom. Diderot afirma: "Rousseau crê que o homem é por natureza bom e vós acreditais que ele é mau" (ibid., p. 576) e, mais adiante, corrige a posição defendida por Helvétius: "Ele diz: A Educação faz tudo. Dizei antes: a Educação faz muito". A educação, portanto, pode fazer muito, mas não pode fazer tudo.

Mas, como escreveu Paulo Freire, "se a educação não pode tudo, alguma coisa fundamental a educação pode. Se a educação não é a chave das transformações sociais, não é também simplesmente reprodutora da ideologia dominante" (Freire, 1997, p. 47). Foi também por admitir as tensões resultantes das potencialidades e dos limites da educação que Freire pôde escrever sobre a *Pedagogia da esperança*, um livro que publicou em 1992 e que, logo nas "primeiras palavras", critica os "discursos pragmáticos" e a simples "adaptação aos fatos". Freire (1992) defendeu a "aventura" de uma educação *desveladora*, não limitada à adaptação aos imperativos da economia e ao perfil do trabalhador flexível, mesmo quando a adaptação ao mundo não possa ser desprezada. A tensão entre ajustamento e transformação integra o âmago do projeto de uma educação democrática e fora já equacionada por Theodor Adorno, para quem "A educação seria impotente e ideológica se ignorasse o objetivo de adaptação e não preparasse os homens para se orientarem no mundo. Porém ela seria igualmente questionável se ficasse nisto, produzindo nada além de *well adjusted people*, pessoas bem ajustadas, em consequência do que a situação existente se impõe precisamente no que tem de pior" (Adorno, 2000, p. 143).

É também neste sentido que István Mészáros (2005. p. 75) reconhece que a educação *não pode ser vocacional*, dado que em nossas sociedades isso implicaria confinar as pessoas a "funções utilitaristas, estreitamente predeterminadas, privadas de qualquer poder decisório". Uma educação para a heteronomia e a alienação, portanto, exatamente o oposto da educação como "transcendência positiva da autoalienação do trabalho" (ibid., p. 59). Razão pela qual alguns autores defendem, especialmente no contexto da educação básica, que é necessário *parar de preparar para o trabalho*, tanto mais quanto, tradicionalmente, preparar para o trabalho tem significado preparar para o mercado e para o trabalho alienado (Paro, 1999, p. 20-5). Só assim se poderá abrir espaço para uma educação constitutiva de sujeitos, tanto mais que em muitas regiões do planeta — do "terceiro" ao "primeiro" mundo —, até mesmo o acesso ao trabalho alienado é hoje recusado a largos setores da população.

No limite, a formação técnica e vocacional, e a celebração da ideia, neste momento dominante no discurso político em vários países europeus, das "qualificações ao longo da vida", ou das "qualificações para o crescimento econômico", arriscam-se não apenas à ineficácia em face dos seus objetivos de criação de empregos, de aumento da competitividade e da produtividade, mas também à condição de uma ação orientada para a subordinação e para a alienação dos cidadãos.

Congruentemente, o conceito de educação vai sendo progressivamente substituído pelo conceito de aprendizagem ao longo da vida e pelos seus derivados — qualificações, competências, habilidades —, definidos estrategicamente em termos funcionais e adaptativos (Alheit e Dausien, 2002, p. 3), revelando-se mais herdeiros da "educação recorrente", outrora proposta pela OCDE, do que do ideal de "educação permanente" então defendido pela Unesco e pelo *Relatório Faure*, de 1972, com o título *Aprender a ser* (Faure, 1977). Significativamente, "aprender a ter" representa hoje uma das ideias nucleares da produção normativa da União Europeia, não se hesitando na valorização de todas (e sublinho todas) as formas de aprendizagem com vista à aquisição de vantagens competitivas. Na verdade, a aprendizagem ao longo da vida reentrou com grande vigor nos discursos políticos, a partir sobretudo de meados da década de 1990 e, especialmente, no contexto da União Europeia. Mas, como advertiu Barry Hake (2006, p. 35), a aprendizagem ao longo da vida conta agora uma história bem diferente, centrada em estratégias para a competitividade econômica, para a criação de emprego, para a flexibilidade e a coesão social: "aprender para ganhar (*"learning for earning"*) é o nome do jogo da aprendizagem ao longo da vida no século XXI" (ibid.). Da proposta de criação de uma "área europeia de aprendizagem ao longo da vida", de 2001, passando pela recomendação do Parlamento Europeu sobre "competências-chave", até ao estabelecimento de um "Programa de Ação de Aprendizagem ao Longo da Vida", ambos de 2006, a orientação é clara. O conceito de "formação vocacional" é agora o grande protagonista no processo de *europeização* das políticas de educação e formação. A tal ponto que em vários documentos da União Europeia, quando não se pretende fazer referência à educação e formação vocacional ("*Vocational Education and Training*" — *VET*), mas antes à educação popular, comunitária, "liberal", sociocultural, de adultos, ou à *educação geral*, sem contornos de tipo profissionalizante, se opta por uma definição pela negativa, já fora do núcleo considerado prioritário, recorrendo-se à expressão inglesa "*Non-VET*" ("*Non Vocational Educational and Training*"). Também o governo inglês, por exemplo, que já há bastante tempo retirara a palavra "educação" da designação oficial do respectivo ministério, aprovou em 2007 um plano para se tornar "líder mundial de competências" até 2020, através do que designou de "revolução das habilidades funcionais". Com efeito, o chamado *Relatório Leitch*, de 2006, prometeu "prosperidade para todos na economia global", promovendo uma "nova cultura de aprendizagem", habilidades vocacionais economicamente valorizáveis e, por essa via, o aumento da competitividade, da produtividade, o crescimento econômico e a justiça social (HMSO, 2006).

3. Pedagogismo e subordinação

As últimas décadas têm revelado um complexo processo de mudança, tanto conceitual quanto de orientação política, fazendo esbater a origem mais democrática e emancipatória do ideal de educação ao longo de toda a vida, preferindo realçar as capacidades adaptativas e funcionais, traduzidas pelo elogio da aprendizagem ao longo da vida. Mas, agora, como criticamente escreveu Boshier

(1998, p. 8), "A aprendizagem serve para adquirir habilidades que permitirão ao aprendente trabalhar mais, mais rapidamente e mais inteligentemente e, como tal, permitir ao seu empregador competir melhor na economia global". Na feliz expressão de Mário Murteira, o novo trabalhador "Seria como uma espécie de *lonely cowboy*, o herói típico do *Western* norte-americano, agora cavalgando a sua aprendizagem num espaço amplo de conhecimento onde se encontra mais desprotegido, e também mais liberto e entregue à sua iniciativa" (Murteira, 2007, p. 58).

O problema, pelo menos para aqueles que insistem em não aceitar a desarticulação total entre educação e democracia, é que "a emancipação depende da transformação do mundo social e não apenas do *self* íntimo" (Wright, 2006, p. 94). Uma concepção de educação permanente, ou educação *ao longo*, e *ao largo*, de toda a vida, capaz de preservar os seus atributos de diagnóstico crítico do mundo social, de compreensão dos obstáculos à sua transformação, de imaginação de possibilidades para a sua mudança e de consequente ação educativa e cultural, dificilmente poderá deixar de reconhecer, humildemente, a desproporção entre a grandeza dos seus objetivos e a limitação dos seus meios e capacidades. O que não significa que, ao aceitar que a educação não faz tudo e que a aprendizagem não pode tudo, se aceite, consequentemente, a sua subordinação mecânica perante a sobredeterminação econômica, hoje simbolizada pelo novo paradigma de aprendizagem ao longo da vida. Até porque a referida subordinação, como vimos, tem sido justificada a partir de um novo tipo de pedagogismo, de extração econômica e gerencial, baseado nas vantagens de uma aprendizagem adaptativa e funcional a que, em muitos casos, nos poderemos ver normativamente forçados a recusar o epíteto de educativa.

Por isso se revela indispensável a crítica à "pedagogização" quase totalitária da esfera individual e coletiva, assente na crença de que os nossos maiores problemas se devem à crise da educação e da escola, e de que só pela via de um novo paradigma de aprendizagem, que em primeiro lugar responsabiliza o indivíduo e o atomiza, poderemos finalmente responder aos chamados "desafios" da globalização e da "sociedade da informação e do conhecimento".

Conforme tenho sustentado (Lima, 2007a), as perspectivas mais pragmatistas e tecnocráticas de formação e aprendizagem ao longo da vida vêm, de fato, subordinando a vida a uma longa sucessão de aprendizagens úteis e eficazes, instrumentalizando-a e amputando-a das suas dimensões menos mercadorizáveis, esquecendo, ou recusando, a substantividade da vida ao longo das aprendizagens. Esquecendo, ainda, que a principal força da educação reside, paradoxalmente, na sua aparente fragilidade, nos seus ritmos próprios e geralmente lentos, nos ensaios de tentativa-erro, na incerteza e na falta de resultados imediatos e espetaculares, nos seus continuados processos de diálogo e convivialidade, os quais partem do princípio de que ninguém educa, forma ou muda alguém rapidamente e à força, seja através de instrumentos legislativos, seja por meio de programas vocacionalistas, de reeducação, ressocialização ou reconversão. Simplesmente porque a educação exige sempre a participação ativa dos sujeitos, ou educandos, no processo educativo (cf., entre outros, Mészáros, 1975, p. 189), razão pela qual Paulo Freire escreveu, na sua *Pedagogia do oprimido*, algo que continua a ser repetido inúmeras vezes, mas que muitos revelam crescentes dificuldades em compreender: "ninguém educa ninguém, como tampouco ninguém se educa a si mesmo: os homens se educam em comunhão, mediatizados pelo mundo" (Freire, 1999, p. 68).

Essas são, contudo, ideias hoje consideradas perturbantes por parte de quem, ao mesmo tempo que, em termos políticos, atribuiu grande, e frequentemente exagerada, centralidade à educação, formação ou aprendizagem, lhes conferiu, contudo, um estatuto técnico-instrumental, à luz de uma concepção funcionalista que, inversamente, lhes retira centralidade, substância educativa, potência transformadora. O regresso às virtudes da educação e da aprendizagem no novo capitalismo, aparentemente através de novos argumentos, revela-se, frequentemente, uma reatualização das perspectivas do "capital humano": relações deterministas entre educação, produtividade e modernização econômica; racional funcionalista, centrado no combate à anomia, aos desequilíbrios e aos conflitos sociais; concepção subordinada e, frequentemente, assistencialista de inclusão social, integrando perifericamente ou para as margens de dentro do sistema social e econômico; intervenção mais ou menos cirúrgica, procurando a adequação ao sistema vigente, sem admitir mudanças estruturais; subserviência da educação e das aprendizagens individuais perante os chamados imperativos da economia; subordinação das aprendizagens a objetivos totalmente, ou quase totalmente, definidos *a priori*, de forma pretensamente consensual e harmoniosa, e a "resultados de aprendizagem" mensuráveis e hierarquizáveis; imposição, por vezes à escala transnacional, de quadros de referência e de listas minuciosas de competências e habilidades que deverão ser adquiridas. Muitas das categorias educacionais tradicionais, como ensino, aprendizagem, professores, alunos, disciplinas, aulas etc., encontram-se atualmente em processo de transformação, dando lugar a novas categorias como competências, habilidades, resultados de aprendizagem, unidades curriculares, horas de contato, entre outras, como sucede com a educação superior no quadro do Processo de Bolonha, em boa parte por razões de adaptação aos quesitos da economia, do mercado de trabalho e da competitividade (ver, entre outros, Lima, Azevedo, Catani, 2008; Magalhães, 2010). Porém, como observou Lúcio Craveiro da Silva, "Quando se busca resolver o destino do homem na e para a economia sofre-se o risco de fazer dela um fim dominante e absorvente" (Silva, 1994, p. 10).

Concluo que, em toda a sua diversidade, considerada a sua natureza multiforme, a educação ao longo da vida não tem por vocação ignorar, irresponsavelmente, os problemas da economia e da sociedade, do trabalho e do emprego. Mas o seu projeto humanista dificilmente resistiria à adoção de uma posição de subordinação, vergado pela força da competitividade econômica, sendo transformado em programas mais ou menos restritos de "treinamento" dos recursos humanos e de "qualificação" da força de trabalho.

A educação é, certamente, também uma questão de economia, como, entre outros, esclarece Michael Porter, e um "fator adiantado" na vantagem competitiva das nações, segunda afirma. É porém muito mais do que isso, e também uma questão de política social e cultural. E é, ainda, uma questão de pedagogia bem mais complexa do que o simples lema, reconhecidamente liberal, proposto por Porter (1993, p. 703): "competir para progredir". Até porque, no limite, como observou Adorno, a competição nos nossos sistemas educativos é uma "mitologia" que urge analisar, para além de constituir um "princípio no fundo contrário a uma educação humana" (Adorno, 2000, p. 161-2). Uma educação democrática e não unidimensional, entendida como direito humano de todos, mais ainda do que como igualdade de oportunidades, que procure garantir a mobilização dos sujeitos pedagógicos para o exercício do pensamento crítico, será certamente consciente das suas forças e dos seus limites. Como tal, dificilmente poderá deixar de recusar os apelos mágicos e anacrônicos, por parte de setores contrapedagógicos, ou que denegam a pedagogia, a uma *autoridade idealizada* (Meirieu e Frackowiak, 2008, p. 55-60), que teria existido no passado, mas que, entretanto, teria sido corroída pelas pedagogias modernas, agora incapazes de disciplinar os alunos e de preparar os formandos para o trabalho e a performatividade competitiva. Algumas das posições mais críticas em face do pensamento pedagógico contemporâneo caraterizam-se por acusações genéricas à pedagogia, quase sempre tomando-a como um campo unitário e homogêneo, sem controvérsias internas, sem correntes e sem autores distintos, não distinguindo entre abordagens analíticas e interpretativas, por um lado, e perspectivas doutrinais e prescritivas, por outro. Em qualquer dos casos, tais expressões contrapedagógicas não só revelam sempre, implicitamente ao menos, o racional e os princípios pedagógicos em que se fundamentam como, paradoxalmente, manifestam amiúde as suas crenças ingênuas no poder das aprendizagens, das qualificações, das competências, ou das habilidades, para alcançar o estatuto de "sociedade da aprendizagem" e de "economia do conhecimento". Em tais casos, essa crítica pedagógica tem revelado, com clareza, a sua feição pragmática e utilitarista; prescreve a submissão da educação, contraditoriamente representada como todo-poderosa, aos imperativos da competitividade econômica e da sua respectiva ordem social; propõe o "empreendedorismo", a rivalidade, a mensuração dos resultados e uma relação funcional entre formação e trabalho como alguns dos seus princípios estruturantes.

Sob abordagens típicas da Teoria do Capital Humano e sob a linguagem dominante dos clientes e consumidores de serviços e produtos, mesmo os adultos em contexto de formação tendem a ser vistos como uma espécie de "matéria-prima", como objetos de um processo de modelagem e de acomodação. Especialmente os desempregados de longa duração e os trabalhadores considerados pouco qualificados são representados como indivíduos incapazes, evidenciando *deficits* e lacunas que exigem a sua superação, colmatando as suas necessidades de formação, através da aquisição de uma espécie de *próteses* formativas que funcionalmente os habilitarão a integrar a nova "economia do conhecimento" e da inovação. Tudo isso contra a melhor tradição da educação democrática, liberal, ou popular, de adultos, onde há muito se concluiu ser indispensável partir da cultura, da experiência vivida e da "leitura do mundo" dos adultos para a sua revitalização crítica e problematização, e não das suas negatividades, deficiências ou limitações, em direção à sua superação. É, porém, nesses contextos que tendem a emergir as abordagens tecnocráticas da aprendizagem para o trabalho, ignorando que nem todas as formas de educação e formação profissional podem ser consideradas decentes e justas, de qualidade democrática e social para todos, incorporando processos de participação na decisão e na discussão dos valores que necessariamente as orientam.

Com efeito, o direito ao trabalho decente é correlativo do direito à educação e à formação decentes, integrando formas de expressão e de participação sobre os objetivos, formas de organização, conteúdos e metodologias. Uma educação decente, para trabalho decente, não ignora que o fim último da educação e da aprendizagem é o de permitir que mais seres humanos participem ativamente no processo de construção do mundo social e da sua humanização. O que exigirá que os formandos, ou aprendentes, adultos sejam representados como cidadãos ativos e não como meros consumidores, objetos mais ou menos passivos de assistência social ou, ainda, como membros de um determinado "grupo alvo", burocraticamente definido, com ou sem a sua aquiescência.

A aprendizagem e educação decentes podem vir a ser assumidas como um novo referencial de preparação de nós próprios, com os outros e durante todo o curso da nossa vida, para a liberdade e o desenvolvimento pessoal e social, para a autonomia e a solidariedade, para a criatividade e a transformação, para a justiça e a emancipação, para a participação política e a cidadania ativa. Trata-se, em tal caso, de um projeto de aprendizagem e educação para a participação e a decisão, e não para a subordinação e a alienação, orientado para a mobilização a favor de um trabalho decente e dotado de significado, buscando um ambiente sustentável e uma vida decente. Nesse sentido, aprender transcenderá em muito a simples adaptação ao mundo, o ajustamento funcional aos imperativos da economia e do trabalho, aos objetivos meramente individuais de ganhar e de competir através da desistência de se inscrever na tentativa de mudar as condições estruturais da nossa existência coletiva. Como observou Murteira (2007, p. 64), a aprendizagem, pelo contrário, assumirá uma certa natureza "subversiva", ou seja, "contrária à ordem estabelecida, para que o espaço de liberdade de que temos falado possa surgir e consolidar-se", constituindo-se como "uma via de desenvolvimento pessoal em que seja possível, seguindo uma estratégia própria, *aprender fazendo-se*".

Uma aprendizagem decente para o mundo do trabalho seria capaz de compreender não apenas as habilidades técnicas consideradas necessárias, mas também *competências* críticas, *habilidades* de transformação, capacidades de imaginação e de criatividade indispensáveis à interpretação e à transformação do mundo social. Razão pela qual a aprendizagem e a educação, para além dos seus possíveis impactos na empregabilidade e na produtividade dos trabalhadores, são muito mais do que variáveis econômicas orientadas para a competitividade e estão para além do estatuto estratégico que lhes é convencionalmente atribuído pela gestão de recursos humanos e pela formação vocacional, geralmente dependente de padrões de utilidade restrita e de concepções instrumentais de conhecimento. Padrões que são, paradoxalmente, impostos predominantemente aos chamados trabalhadores não qualificados, ou seja, exatamente àqueles que ficarão mais dependentes da lógica das "necessidades de formação" e de recursos limitados e obsolescentes perante a aceleração das mudanças tecnológicas e das metamorfoses no mundo do trabalho e, ainda, em face das tendências contraditórias observadas por Ricardo Antunes (1995, p. 54): a qualificação do trabalho associada a um processo de desqualificação dos trabalhadores, *superqualificando* nuns casos e *desqualificando* noutros, consoante os ramos produtivos e, porque não admiti-lo, consoante as políticas educacionais.

II

Sobre a pesquisa em educação

Num contexto político e institucional marcado pela definição da pesquisa como "um dos principais motores do crescimento econômico e da competitividade", consoante é afirmado pelo projeto de criação de um "Espaço Europeu de Investigação", a pesquisa em Educação é confrontada com problemas novos e de assinalável impacto. As tensões entre investigação e prestação de serviços, entre crítica e *expertise*, entre criatividade e utilidade, entre outras, parecem avolumar-se, no quadro do que alguns já designaram por "capitalismo acadêmico", com a correspondente emergência do pesquisador-empreendedor, agindo em ambiente de concorrência e procurando responder funcionalmente a novos problemas sociais. A educação, conceito em acelerado processo de mutação, que de resto se arrisca a ser politicamente representado como arcaico e substituído por conceitos alternativos, poderá, no limite, vir a ser transformada num campo de intervenção de competentes profissionais da inovação e da indústria do conhecimento, reduzidos à prestação de serviços e subordinados às agendas do Estado, dos setores privados e de toda a sorte de financiadores.

Urge, portanto, discutir as orientações de natureza política, epistemológica e pragmática que afetam a pesquisa e os pesquisadores em Educação, em contexto nacional e internacional, bem como analisar os problemas próprios do campo, as suas potencialidades e as perspectivas futuras que se encontram em aberto.

1. Uma pesquisa útil, rumo à competitividade econômica

Especialmente desde 2008 que o objetivo de criação de um *Espaço Europeu de Investigação* se vem concentrando na questão da "governação global" do referido espaço, impulsionado pelo designado *Processo de Ljubljana* (CEU, 2008), mais um "processo", à escala supranacional, pouco debatido pelos acadêmicos europeus. A adesão por parte dos Estados-membros da União Europeia, o "método aberto de coordenação", as articulações privilegiadas com o *Processo de Bolonha*, os processos de monitorização baseados em "*benchmarks*", entre outros recursos típicos da atual fase da construção europeia, poderão vir a garantir o sucesso da nova governação das atividades de pesquisa.

Parte-se do temor, politicamente declarado, de que "A Europa poderá não conseguir fazer a transição para a economia do conhecimento", razão pela qual a criação de um *Espaço Europeu de Investigação* assenta na premissa de que "a investigação e a tecnologia são um dos principais motores do crescimento econômico e da competitividade" (CCE, 2000, p. 5), em linha, de resto, com a *Estratégia de Lisboa*. Como se pode concluir da análise dos diversos documentos de política, o novo racional para a governação da pesquisa na União Europeia assenta numa estratégia que visa especialmente a "modernização das empresas europeias" e a "competição saudável" em mercados transnacionais. Maior aproximação às empresas, ligação em rede dos centros de pesquisa, concorrência entre setor público e setor privado, assunção de funções de peritagem junto dos decisores políticos e econômicos, são algumas das ideias centrais para a política europeia de pesquisa (CCE, 2000; CEU, 2008).

Na Europa, afirma-se, a pesquisa deve passar a ser útil, socialmente responsável, competitiva, combinando elementos de cooperação e de concorrência. Esses elementos, aparentemente contraditórios, representam no entanto o cerne da lógica de vários "processos" em curso nos domínios da educação e da produção de conhecimento científico (Bolonha, Copenhaga, Ljubjiana), que venho designando por *convergência sistêmica para a divergência competitiva* (Lima, Azevedo, Catani, 2008; Lima, 2011). No caso da convergência sistêmica, trata-se de um sistema normativo baseado em normas detalhadas e estandardizadas, servido por dispositivos de avaliação, visando produzir um certo isomorfismo estrutural e morfológico entre distintas unidades, práticas ou objetos a avaliar, dessa feita integrando uma certa diversidade, embora aceite e reconhecível pelo sistema. A referida integração sistêmica das diversidades, que opera no sentido da "harmonização", como é preferencialmente designada para contrariar acusações de homogeneização ou estandardização, é indispensável ao estabelecimento da divergência competitiva. Com efeito, convergir para divergir, ou integrar para diferenciar, são os processos que estão na base da construção de um sistema competitivo e hierarquizado, capaz de introduzir a rivalidade e a concorrência como elementos centrais (Lima, 2011) e de articular pesquisa e inovação.

O *Livro Verde sobre o Espaço Europeu da Investigação* (CCE, 2007) assume como objetivos o aumento dos financiamentos para a pesquisa, designadamente através de programas europeus, e favorece a especialização por país ou região, em busca de um *mercado único europeu de investigação*, articulando inovação e aprendizagem ao longo da vida e propondo que o setor privado passe a ser a principal fonte de financiamento, assegurando cerca de dois terços do total dos 3% do PIB que são recomendados. Pesquisa e inovação, mercado único, concorrência, investimento privado, especialização, são alguns dos principais termos característicos da nova orientação política.

Porém, as contradições e os paradoxos revelam-se, frequentemente, quando comparados os objetivos políticos europeus com as situações de partida, especialmente no que concerne a certos Estados-membros da União Europeia. Ao mesmo tempo que se clama por carreiras mais atrativas para os pesquisadores, capazes de captar "jovens talentos", assistimos, por exemplo em Portugal, à proletarização e à precariedade dos jovens doutorados, resultantes de um esforço, sem precedentes, na sua formação pós-graduada. Contudo, confrontando-os agora com as portas fechadas da maioria das instituições de educação superior. Estas têm-se revelado objetivamente impedidas de novas contratações, até mesmo para assegurar apenas a substituição dos professores aposentados, em face da situação continuada de subfinanciamento público e de relativa desconexão entre as políticas para a ciência e as políticas para a educação superior. Essa desarticulação, de resto, faz-se sentir a variados níveis, encontrando-se plasmada nos novos estatutos dos docentes do ensino superior, sendo que as regras genéricas de contratação de professores admitem a total ausência de formação e experiência docentes anteriores. Também aí entrando em contradição com os discursos que, na sequência do Processo de Bolonha, insistem na revalorização da pedagogia nas práticas e no desenvolvimento profissional dos docentes.

Com efeito, o mundo acadêmico, que vários autores vêm caraterizando pela sua crescente subordinação à economia, encontra-se numa situação dilemática. Jan-Erik Lane (2007) refere-se, a esse propósito, às tensões entre uma educação superior fiel à cultura acadêmica e a uma tradição crítica, em busca da verdade, capaz de desafiar o Estado e os poderes públicos, tanto quanto os interesses privados, e uma educação superior incapaz de ser independente do governo e do setor privado, sucumbindo aos interesses do mercado e às suas agendas, funcionalmente adaptado aos desígnios e imperativos da competitividade econômica, agora sob o lema genérico de "conhecer para competir". A comercialização do conhecimento acadêmico, a mercadorização dos resultados da pesquisa e a sua integração na indústria transnacional do conhecimento concorrencial e transacionável decorrem já da segunda alternativa. O conhecimento como bem público encontra-se em crise.

É nesse quadro que emerge um novo perfil de pesquisador, não apenas no contexto dos laboratórios ou departamentos de pesquisa e desenvolvimento privados, mas também nas instituições públicas: o pesquisador-empreendedor, o inovador, o universitário-empresário, o concorrente feroz, e sucedido, por financiamentos externos, capaz de responder positivamente à "competição pela provisão" em ambientes marcados pela desregulação, pela escassez de recursos e pelos mecanismos de mercado (Lane, 1997). Em certos países trata-se já da emergência do paradigma da *superstar* acadêmica, com grande mobilidade institucional, em permanente trânsito por países e empresas multinacionais, capaz de contratos milionários, de reunir vastas equipes de colaboradores e de multiplicar os subordinados, por essa via reforçando o seu poder no interior das instituições, mantendo com poucos riscos, ou mesmo expandindo, os respectivos departamentos ou grupos, destacando-se em termos de avaliação, diferenciando-se em termos de *status* e de ganhos salariais.

O *empreendedorismo* e a criação de novas indústrias representam, para muitos setores acadêmicos, dois dos mais relevantes elementos da nova missão das instituições de educação superior. O novo acadêmico-empreendedor, típico do modelo hoje tendencialmente dominante de universidade anglo-americana, apresenta-se como uma construção complexa e híbrida, resultante de fontes de legitimidade distintas, cruzando diferentes subculturas. Sendo tradicionalmente um "funcionário profissional", no sentido que lhe atribuiu Max Weber (1973), em contraste com os "funcionários políticos", o acadêmico afirma-se cada vez mais enquanto perito, à luz da racionalidade técnico-instrumental. Pode ser um prestador altamente qualificado e competente de serviços diferenciados e economicamente muito valorizados, elemento central das tecnoestruturas, das assessorias internas e externas (Lima, 2007b). Mas pode, por outro lado, transitar da categoria de técnico de enquadramento e de profissional da ciência para a categoria de empreendedor, habitando simultaneamente na *Academia* e na *Economia*, entre a procura de *status* acadêmico e a busca de sucesso econômico-empresarial, em organizações ou consórcios de *interface*, capazes de articular o *ethos* acadêmico e o *ethos* empresarial, a pequena escala dos protótipos, da pesquisa experimental ou do estudo de caso, e a grande escala da generalização, do desenvolvimento, da produção em massa.

Em todo o caso, não obstante essa valorização, uma terceira categoria emerge no interior das universidades e dos centros acadêmicos considerados periféricos e pouco competitivos: os acadêmicos como assalariados em concorrência aberta, proletarizados, por vezes com vínculos precários às instituições, objetos de avaliações sistemáticas orientadas para a performance competitiva, muitos deles alienados em face das políticas de pesquisa que lhes são impostas, subordinados perante as lógicas de utilização dos resultados, de comercialização dos produtos ou patentes em cuja criação participaram.

Ao discursar, em 1919, sobre a *ciência como vocação*, Max Weber havia já admitido que a ciência vinha conferindo crescente protagonismo à aplicação, à utilidade social, sendo cada vez mais produzida em grandes laboratórios ou departamentos públicos e privados, em estilo empresarial e "segundo padrões americanos". Afirmava na altura, de forma desassombrada, como resultava do seu pessimismo cultural: "Os grandes Institutos de Medicina ou de Ciências converteram-se em empresas de *capitalismo de Estado*" (Weber, 1973, p. 143). Para o autor, era clara a *americanização* da vida universitária alemã no início do século XX, a proletarização dos assistentes, a perda do caráter artesanal do trabalho acadêmico, mesmo nas ciências sociais (ibid., p. 144).

A vocação da ciência encontrava-se em profundo processo de mutação: a ciência para a tomada de consciência de nós próprios e do mundo era já relativamente desvinculada da interpretação e da compreensão (*"Verstehen"*), para assumir como prioridade a produção de conhecimento orientado para a tomada da decisão racional, para a eficácia e a eficiência, para a competitividade e o crescimento econômico. É nesse contexto que o acadêmico como artesão, também no sentido que Richard Sennett (2008) lhe atribuiu recentemente, contrasta com o acadêmico-empreendedor, não apenas gestor da sua própria carreira ou empresário de si mesmo, mas sobretudo líder de extensas equipes de colaboradores, almejando a produção em larga escala. Um regime frequentemente heterônomo e de dominação do outro, já definitivamente inscrito na chamada "economia do conhecimento".

Emergem, em simultâneo, os *rankings* de instituições, onde o modelo anglo-americano volta a sobressair. No *ranking* que incluía as primeiras duzentas "melhores universidades do mundo", publicado em 2009 pelo *The Times Higher Education*, as primeiras vinte universidades eram todas de língua inglesa: treze dos EUA, cinco do Reino Unido, uma da Austrália e uma do Canadá.

Emergem, consequentemente, os acadêmicos de segunda e terceira linhas, considerados periféricos, que se arriscam a ficar de fora das instituições consideradas "universidades de investigação", no contexto mais geral de crise da Universidade humboldtiana e da correspondente desconexão entre ensino e pesquisa, não mais considerados elementos indissociáveis. Na "universidade de investigação" os financiamentos privados são avultadíssimos, o número de estudantes de pós-graduação tende a ser maioritário, as ligações ao mundo empresarial e, em muitos casos, ao *complexo industrial-militar*, são profundas.

Surge, ainda, o que pode ser designado por subclasse acadêmica: os precários, os eternamente bolseiros, os nômades, subitamente elogiados pela sua coragem de viver em permanente insegurança, pela sua capacidade competitiva e adaptativa, de aventura e de ruptura com o agora odioso sistema de *"inbreeding"*, no qual os novos doutorados são contratados pelas mesmas instituições em que se haviam formado. Eles são os novos "cosmopolitas", por contraste com os "locais", esses mais sedentários e institucionalmente estabelecidos, segundo a clássica distinção de Alvin Gouldner (1957; 1958). São, porém, "cosmopolitas" à força, ou em diáspora, no melhor dos casos, ou, em alternativa, "locais" a prazo e sem carreira, por vezes mesmo sem os mais elementares direitos sociais. Uns e outros frequentemente desenraizados, mão de obra mais barata e potencialmente mais subordinada em termos intelectuais, com menos recursos e autonomia para fazer face a certos interesses, para participar na definição de políticas e estratégias de pesquisa, para assumir livremente a autoria do seu trabalho e a publicação de resultados críticos, ou em ruptura, com o *establishment* e os poderes que os financiaram ou contrataram. Até mesmo para simplesmente reivindicarem outro estatuto e outra situação profissional, ou para conseguirem trabalhar no seu país de origem.

Mas mesmo para os profissionalmente estabelecidos, aos "terrores da performatividade", na expressão de Stephen Ball (2002), também com significada expressão nas escolas de educação superior e nos seus centros de pesquisa, já tradicionalmente marcados pela conhecida máxima "*publish or perish*" (publica ou perece), sucedem-se novos terrores e novas máximas de cariz comercial, segundo vários observadores, tais como "*stay on the market or vanish*" (permanece no mercado ou desaparece), ou ainda "*sell or perish*" (vende ou perece). A propósito, Burkard Sievers (2008), numa análise organizacional da universidade, de inspiração psicanalítica, concluiu que essa instituição se encontra dominada pelo "pensamento mágico", composto por crenças inabaláveis nos valores da economia, do mercado e da gestão. A própria educação foi já reconceitualizada enquanto promoção de capital humano, gestão de recursos humanos, empregabilidade e mobilidade, qualificações e competências com vista a aumentar a competitividade econômica. Não é já, em rigor, o conceito de educação presente no pensamento pedagógico dos últimos duzentos anos, mesmo considerando a sua diversidade de orientações. Mas é esse "pensamento mágico", mais do que a ciência, que domina as fórmulas econômicas e gerencialistas de reformar as universidades europeias, que alguns designaram, expressivamente, como "o pesadelo de Humboldt" (Schultheis, Roca i Escoda, Cousin, 2008). Um "pesadelo" especialmente para as ciências humanas e sociais, em geral consideradas disfuncionais em face do paradigma dominante de utilidade social: competição, conhecimento útil e economicamente valorizável, qualidade e excelência, avaliação e acreditação, são alguns dos elementos-chave. Conseguiu-se, mesmo, desvincular o conceito de "meritocracia" das suas conotações críticas e negativas, admitidas por Michael Young no seu clássico de 1958, erigindo-a agora, sem reservas, em princípio justo e ético-moral a perseguir pela academia, que deve premiar o mérito e governar pelo mérito, indiferente às desigualdades. Sievers (2008) conclui que, como o "pensamento mágico" de raiz econômica e gestionária não passa disso mesmo, perante a nossa insistência em reformar as universidades a partir dele, o resultado é aquilo a que chama a "universidade psicótica".

2. Políticas e práticas de pesquisa em educação

O conceito de ciência e a vocação da ciência têm sido objeto de revisão no domínio das políticas sociais, e também em termos institucionais e culturais, sendo clara a transposição, mais ou menos naturalizada, de vários critérios outrora considerados típicos das ciências, e das suas aplicações tecnológicas, para o interior das ciências humanas e sociais, incluindo certamente as ciências que estudam os fenômenos educativos. No seio destas, porém, e em face da sua assumida diversidade, trata-se de uma transposição com impactos variados; talvez com menores consequências, ou pelo menos com requisitos mais facilmente manejáveis, em certas áreas de pesquisa como a tecnologia educativa, a educação em ciências, a educação para a saúde, ou certas didáticas específicas, por exemplo. Ou seja, eventualmente naquelas especialidades onde se revela maior a área de interseção entre a pesquisa em Educação e certas áreas científicas e tecnológicas, ou disciplinas do campo das tradicionalmente designadas *ciências exatas e da natureza*, embora mesmo aí não sejam indiferentes as opções epistemológicas e metodológicas dos pesquisadores.

Em geral, contudo, basta lembrar a imposição de critérios bibliométricos e de formas de mensuração e comparação, na sua maioria alheios à tradição das ciências humanas e sociais; as pressões dirigidas para a publicação em língua inglesa, de preferência em fontes constantes da *ISI Web of Knowledge*, que se autodefine como "a mais compreensiva e versátil plataforma de pesquisa que está disponível"; a crescente desvalorização do livro, até há pouco símbolo máximo de autoria por parte de um *scholar* nas Humanidades; a relativa desvalorização do trabalho teórico, mais conceitual e abstrato; a busca da aplicação, com critérios típicos das tecnociências; o prestígio acadêmico resultante da captação de avultados financiamentos para as instituições, da ligação às empresas, da internacionalização com os países centrais; o elogio crescente dos métodos quantitativos e das virtudes da generalização estatística em contextos de observação de grande escala, privilegiando as orientações nomotéticas em face das orientações ideográficas; a valorização das funções de assessoria técnico-científica e de *expertise*, designadamente através das chamadas "políticas baseadas na evidência"; a prioridade conferida ao trabalho realizado por grandes equipes e à produção académica em regime de coautoria, com a correlativa tendência para subvalorizar o trabalho individual e, sobretudo, o trabalho de longo prazo e mais consumidor de tempo. Entre outros, os critérios referidos, se aplicados aos académicos das ciências humanas e sociais do século XX, até mesmo apenas aos da sua segunda metade, talvez deixassem a maioria, e seguramente muitos dos seus maiores expoentes, em situações avaliativas delicadas. Sobre nós, que somos forçados a ser muito mais produtivos e internacionalizados do que uma boa parte dos nossos mestres, dificilmente recairá, porém, um juízo favorável no futuro. Um balanço positivo do nosso trabalho teria, provavelmente, que sobrevalorizar a quantidade, a rapidez, a diversidade linguística, a competitividade, a variedade de países e de formatos de publicação, no momento de apreciar: as evidentes falhas da nossa erudição, os erros e imprecisões cometidos, a compreensão superficial do trabalho dos outros, o esquecimento a que remetemos muitos autores (em certos casos os mais próximos de nós), a reprodução das citações da moda, a falta de diálogo crítico com os autores e de polémicas académicas, as redundâncias, repetições e variações sobre o mesmo objeto, quando não sobre os mesmos dados de pesquisa, ou dados afins, entre outras consequências do produtivismo a que nos fomos sujeitando.

Quanto, especificamente, ao pesquisador em educação, as questões centrais são as já enunciadas e muitas outras, decorrentes, também, da falta de tradição e de consolidação que entre nós evidencia ainda. É vocação primeira do pesquisador em educação ser um intelectual ou um técnico, consultor, assessor? Ou aspira a ser reconhecido como publicista ou comentador? Ou a estabelecer-se como empreendedor? Pesquisa para o Público ou dirige-se preferencialmente a clientes concretos? Pratica uma ciência de Estado, aspirando ao estatuto de conselheiro do Príncipe, sucumbe perante o Mercado ou busca reforçar a sua autonomia e, em função dessa, seleciona os seus interlocutores privilegiados?

Não está, certamente, em causa a pluralidade dos perfis e das opções individuais, aliás semelhantes em outras áreas científicas, mas antes as imagens acadêmicas dominantes e as representações sociais que interferem na caracterização do campo das Ciências da Educação. De resto, não é indiferente para a análise da questão observar o que vem ocorrendo com o conceito de *educação* em termos políticos e sociais, desde logo porque se registra, em certos contextos, uma significativa perda da sua centralidade.

Em geral, o conceito de educação parece ter sido ultrapassado pela crescente referência ao conceito de formação, até mesmo quando se anuncia a tentativa de uma articulação entre os dois, em termos de políticas educacionais. Trata-se, em muitos casos, da subordinação de certos objetivos, modelos pedagógicos, métodos didáticos, ou técnicas de participação e mobilização, já não apenas de origem escolar, mas, frequentemente, também de natureza não escolar, aos universos, hoje dominantes, da formação profissional contínua, ou da *formação vocacional*, como agora se diz.

As próprias instituições de educação superior podem estar a afastar-se de um paradigma educativo, uma vez que a geração de conhecimento e a sua comercialização parece uma alternativa muito apreciada. É nesse contexto que Hermínio Martins (2007) admite, acidamente, que as universidades podem estar em processo de mudança para "Centros de Habilidades Avançadas". E também o *"edutainment"* vai surgindo como termo novo, combinando *educação* e *entertenimento*, especialmente explorado pelas empresas de formação, pelas indústrias de videogramas e jogos considerados "educativos", pela produção de "*kits*" de formação e de aprendizagem, frequentemente difundidos através de sistemas de franquia e visando uma pretensa facilitação radical da aprendizagem. Mas na linguagem da União Europeia é a "aprendizagem ao longo da vida" que domina os discursos e os programas políticos; trata-se de um conceito mais associado ao indivíduo e à sua responsabilidade de construção, competitiva, de um "portfólio de competências" que lhe possa aumentar as probabilidades de se tornar *empregável*, ou de manter o emprego, em face dos imperativos da economia. Não surpreende, por tudo isso, como vimos no texto anterior, que os conceitos-chave sejam as "qualificações", as "competências", as "habilidades", deixando para trás a educação ao longo da vida e a sua vocação para a transformação da vida, individual e coletiva (Lima, 2007a).

Têm os pesquisadores refletido suficientemente sobre essas transformações? Estão a pesquisar as mudanças em curso, ou antes a procurar adaptar-se a elas? Ou, simplesmente, têm-nas ignorado? Não tendem a capitalizar em demasia discursos, reformas ou medidas de feição pedagogista, isto é, que exageram o papel da educação, da formação e da aprendizagem com vista à transformação da sociedade e da economia? Refiro-me, entre outros: ao pedagogismo da aprendizagem e das qualificações para a empregabilidade e o crescimento econômico; ao pedagogismo inerente ao Processo de Bolonha, com o regresso às pedagogias científicas e racionalizadoras, ao reino dos "objetivos", dos "resultados da aprendizagem" e das métricas ECTS (Sistema Europeu de Transferência e Acumulação de Créditos); à reivindicação de maior protagonismo, enquanto especialistas em avaliação, no quadro de políticas de avaliação de pendor tecnocrático e neopositivista. Entre tantos outros exemplos possíveis, da gestão das escolas ao novo profissionalismo docente, se for esse o caso, quem precisaria, afinal, de umas Ciências da Educação como essas? Sobretudo quando o novo pensamento pedagógico — ou talvez devêssemos dizer pós-pedagógico —, é hoje oriundo, sobretudo, de domínios como a Economia e a Gestão?

A relevância social das Ciências da Educação não é compatível com uma orientação intelectual distinta, marcadamente compreensiva e interpretativa, no quadro da qual a normatividade indissociável da educação, enquanto prática política e cultural, não se deixa confundir com prescrição, e a tecnicidade dos processos educativos recusa as derivas tecnicistas? Estaremos condenados, para que nos considerem úteis, ao estatuto de tecnociências? Como resolver as crescentes tensões entre produção de conhecimento científico e prestação de serviços, entre crítica e *expertise*, entre criatividade e utilidade?

Sem debate interno, sem discussão e crítica, estaremos já a tender para a reprodução e a adaptação. Não sei se os consensos serão possíveis ou, sequer, desejáveis. Mas a discussão sim. Distintas concepções, políticas, vocações e projetos de Ciências da Educação são possíveis e estão já no terreno, com expressões diversas. Não apenas entre distintas instituições e diferentes centros de pesquisa mas, o que é mais complexo, no interior das mesmas instituições, lado a lado nas mesmas unidades ou centros de pesquisa.

Nunca deixo de me surpreender acerca de como somos capazes de conviver assim: é, para mim, um falso convívio. Antes coexistimos sem tentar estabelecer pontes, sem discutir politicamente, epistemologicamente e pragmaticamente as nossas opções. Em suma, não temos, na maioria dos casos, políticas de pesquisa. Não criticamos os outros, preferimos ignorá-los. Não trabalhamos sobre o que nos divide.

É claro que somos muito diversos, dentro desse universo miscigenado e plural que é o das Ciências da Educação. O que nos une é pouco, na maioria dos casos, e, ao contrário do que supõem os nossos críticos, o pouco que nos une raramente pode ser considerado positivo: é o baixo *status* acadêmico que nos atribuem; é a queixa frequente de que os políticos nunca nos ouvem, exatamente o oposto do que afirma a maioria dos observadores, mal informados; é a indignação de alguns por nunca serem convidados para a televisão, a debater os assuntos que investigam há décadas, mas preteridos pelos referidos observadores e outros comentadores. Mas será que um campo acadêmico prestigiado se faz deste tipo de queixas, ou até mesmo da capacidade para as superar?

O *status* das Ciências da Educação é algo de homogêneo e generalizável, independentemente dos atores concretos que as produzem e reproduzem, das pontes privilegiadas com outros saberes e comunidades científicas? Não temos já exemplos, entre nós, que são inspiradores e que apontam para caminhos alternativos? E uma tradição europeia, para não referir outras, onde não faltam expoentes do pensamento e da pesquisa educacionais, antes e depois da institucionalização das Ciências da Educação nos sistemas universitários modernos?

Acreditamos mesmo que é possível, e desejável, orientar as políticas e as práticas educativas segundo critérios predominantemente científicos? Sem perceber a armadilha tecnocrática em que cairíamos? Queremos fazer das Ciências da Educação uma espécie de engenharia educacional, ou cair no "praticalismo liberal", como dizia Wright Mills (1982) a propósito da Sociologia?

A presença nos meios de comunicação social pode ser admitida como um indicador, mesmo que indireto, do nosso *status* acadêmico e social? Preferimos, realmente, o papel de comentadores de serviço, que são chamados a pronunciar-se sobre todas as questões da educação, incluindo aquelas que não conhecem, como acontece com vários intelectuais, de todas as áreas científicas, que ascendem ao estatuto de oráculos da imprensa e da televisão? Podem essas atividades ser confundidas com as necessárias divulgação e comunicação científicas, ou com a legítima participação política e cultural dos pesquisadores?

Aceito, certamente, respostas diversas a essas e outras questões, mas isso não significa que não devamos discuti-las em torno de uma questão nuclear: que vocação assumir para as Ciências da Educação, em razão da qual orientaremos a nossa atividade de pesquisa e nos organizaremos? Compreendo a pluralidade de vocações e até a sua coexistência, em certos contextos. Aceito uma certa normatividade intrínseca, ou imanente, à pesquisa em educação, sob risco de uma pretensa neutralidade axiológica ou exercício inteiramente despolitizado, ainda que defenda que a referida normatividade seja, ela mesma, objeto das nossas indagações. Distingo, porém, entre investigação *em* educação e investigação *sobre* educação, uma vez que, no primeiro caso, a educação é mais do que um simples objeto de estudo, eventualmente construído a partir de campos legítimos, mas em todo o caso alheios ao pensamento educacional ou distantes deste, à partilha, mesmo quando crítica, de um conhecimento que não é apenas acadêmico, mas também cultural e profissional. Mas não me revejo, em caso algum, na prescrição, no tecnicismo, na crença ingênua no poder da educação, da pedagogia ou da didática para transformar, desde logo a educação escolar, quanto mais a economia e a sociedade. Creio que somos daqueles que mais bem colocados estariam para reconhecer as potencialidades da educação, mas também os seus limites. Certamente que a educação não faz tudo, ao contrário do que, como vimos, sustentou Helvétius (1773) e, sob sua influência, James Mill (1823), no quadro de um pedagogismo positivista que, hoje, parece ser reatualizado sob os auspícios de importantes agências transnacionais, como a OCDE e, mesmo, a Unesco, implícito no racional político-social da União Europeia, repetido até à exaustão por alguns dos mais destacados gurus da economia das capacitações e da gestão de recursos humanos.

Sou, pois, crítico da tendência para o discurso técnico-funcional, tanto quanto da tendência para um certo discurso moralizante, ambos incorporando com frequência a *doxa* e o senso comum que, pelo contrário, deveriam ser nossos objetos de estudo privilegiados.

Não sou contra a produção de estudos, pareceres ou propostas a solicitação do poder político e, como é público, por várias vezes participei nessa produção. Mas não creio que tal atividade possa ser realizada sem especiais cautelas na aceitação genérica dos termos de referência e seus valores — nunca estritamente técnico-científicos —, na salvaguarda da autoria e da publicação do trabalho realizado, ou dos riscos inerentes a processos de legitimação de eventuais medidas de política, com base nos estudos efetuados. Em qualquer dos casos, não creio que tal atividade seja intrinsecamente acadêmica, mas antes *lato sensu* política, e que, como tal, possa ser sistemática, sem correr os riscos de sobredeterminação das agendas de pesquisa pelas agendas políticas e administrativas, quaisquer que sejam os poderes implicados. Convirá, afinal, que saibamos distinguir entre problemas socioeducativos e problemas de pesquisa em educação. De contrário, poderíamos vir a ficar enclausurados no estudo e na procura de soluções para problemas como: o *deficit* de qualificações" da população ativa; a falta de "empregabilidade" de vários cursos e formações; a contribuição da formação profissional para o "aumento da produtividade e da competitividade econômica"; o estudo das "necessidades do mercado de trabalho" em termos de formação inicial e contínua; a proposta dos "melhores métodos de gestão e liderança" escolar para obviar às "irracionalidades" da gestão democrática e das práticas colegiais; a busca da solução didática ótima, entre outros possíveis exemplos de problemas unilateralmente definidos, ou impostos, segundo determinados interesses.

Creio haver razões para concluir que o atual contexto político, à escala europeia e global, privilegia um certo pendor reformista liberalizante, pragmatista e utilitário, nas nossas pesquisas. Isso mesmo apesar do lastro crítico que as Ciências da Educação herdaram, em Portugal, da revolução democrática do 25 de Abril de 1974, o qual foi referido por diversas vezes, entre outros por Stephen Stoer (1992), designadamente a propósito da "sociologização dos estudos educativos". Em qualquer caso, o impulso prescritivo e a deriva tecnocrática, sob orientações políticas exógenas, enquanto confirmações da utilidade social das Ciências da Educação, não só não obteriam com facilidade o reconhecimento social, e técnico-racional, mas também se amputariam das condições indispensáveis à produção de conhecimento crítico e academicamente sustentado. Ora esse revela-se crucial para a afirmação acadêmica, social e educativa das Ciências da Educação, ainda demasiado recentes e frágeis entre nós, heterogêneas e repletas de tensões internas, pouco respeitadas na academia, evidenciando frequentemente trabalhos, publicações, provas acadêmicas e concursos onde impera uma diversidade extrema.

Diria que precisamos de cultivar maior rigor e mais exigência, mesmo admitindo que avançamos bastante nas últimas décadas, sendo hoje possível encontrar atividades de pesquisa e trabalhos de grande mérito e qualidade, em face dos melhores referenciais internacionais onde, de resto, circulam sem limitações. É, contudo, imperioso prosseguir esforços no sentido de reforçar teoricamente e epistemologicamente as nossas disciplinas, superar limitações tradicionais, estabelecer pontes com outros domínios afins, numa base de reciprocidade e de igualdade de *status*. Em suma, parece-me indispensável criar condições para que abandonemos uma certa atitude defensiva, como se nós próprios representássemos o nosso campo como algo débil, sem densidade, repleto de contribuições questionáveis. E tudo isso é, parcialmente, verdade, mas pode ser transformado.

Pela minha parte, mesmo aceitando a diversidade e pluralidade das Ciências da Educação, rejeito a hegemonia da razão técnica que se lhes quer impor, centrada nos meios, em busca do *optimum*. Ou a sua subordinação funcional a agendas políticas heterônomas. Ou, ainda, a sua subserviência perante lógicas incrementalistas pretensamente consensuais, a partir do elogio da produção de certo tipo de conhecimento enquanto fator de competitividade econômica e de modernização gerencial. A tecnologização das Ciências da Educação, bem visível em muitas decisões de política educacional, impediria, em meu entender, o reforço do seu estatuto acadêmico, a sua autonomia, as suas contribuições teóricas e críticas, antes favorecendo o "operacionalismo" e o "decisionismo", que, pelo contrário, cavariam a sua sepultura. Mesmo sabendo que são, exatamente, essas últimas dimensões as que são maioritariamente suportadas, seja pelas políticas oficiais de promoção da pesquisa, seja pelas concepções pragmatistas da formação inicial e contínua de professores, educadores e outros profissionais.

Mesmo sabendo, portanto, que os apelos a que nos subordinemos a uma razão técnica e instrumental são, hoje, maiores e mais convincentes do que no passado recente. Utilidade social e econômica, como vimos, ligação privilegiada às empresas e à indústria do conhecimento, a par de maior competitividade e de novos critérios de avaliação da pesquisa e da produção acadêmica, representam hoje elementos centrais no "capitalismo acadêmico" ou, como também lhe tenho chamado, no contexto de uma *educação contábil*.

Escassez de recursos, orçamentos competitivos, novos processos de acreditação e avaliação, atração de estudantes de pós-graduação e de financiamentos externos, racionalização da rede de instituições, promoção de fusões e de consórcios, criação de empresas de serviços, são marcas indeléveis e sinais dos tempos que vivemos. Creio que, em poucos anos, passaremos a ser avaliados à escala global, de acordo com padrões internacionais que, de resto, já se encontram em preparação no caso dos projetos de ensino, através de testes de *performance* de estudantes graduados pelas universidades, da iniciativa da OCDE e do seu *Programa AHELO (Assessment of Higher Education Learning Outcomes)*.

3. Avaliação e perspectivas futuras

O Conselho de Financiamento da Educação Superior para a Inglaterra (HEFCE, 2009) manteve em discussão, até finais de 2009, um documento intitulado "Quadro da Investigação de Excelência" (*Research Excellence Framework*), com o objetivo de lançar as novas bases para a avaliação e o financiamento da pesquisa realizada pelas instituições de educação superior no Reino Unido.

O documento retoma procedimentos já em curso, como o estabelecimento de *rankings* por área científica e a alocação seletiva de recursos financeiros, a par do uso seletivo de indicadores bibliométricos e índices de citação, avaliação dos impactos na economia e na sociedade, avaliação de portfólios das unidades ou centros de pesquisa, incluindo: trabalho de pesquisa de nível mundial, impacto efetivo na economia e na sociedade, partilha e disseminação do conhecimento, aplicação dos conhecimentos por parte dos setores interessados ("*stakeholders*").

A avaliação será efetuada por unidade de pesquisa e não por pesquisador, com base numa seleção de produtos a cargo de cada unidade, apenas no caso de produtos de alta qualidade, com impacto social, avaliando ainda o ambiente de pesquisa, as infraestruturas e a disseminação do conhecimento produzido. Tal avaliação será conduzida por peritos, com base em indicadores quantitativos ("*standards*"), a cada período de cinco anos, e a unidade selecionará os pesquisadores a avaliar e quatro ou cinco produtos por cada um deles, incluindo publicações, teses, relatórios, pareceres, estudos, consultorias etc. Rigor, originalidade e relevância são consideradas as dimensões centrais da avaliação, havendo critérios específicos para as ciências humanas e sociais, as quais não se espera, segundo é afirmado, que venham a aderir a indicadores de citação para efeitos de avaliação. Na base da avaliação dos impactos da pesquisa — econômicos, sociais, culturais, políticos, de qualidade de vida — serão atribuídas estrelas: quatro estrelas para excepcional, três para excelente, duas para muito bom, uma para bom e zero para desclassificado.

O pragmatismo inglês salta à vista, tal como várias das tendências já antes referidas neste texto. Qualquer sistema de avaliação se revela, hoje, competitivo e hierarquizado, dado que parte de um conceito de qualidade como atributo necessariamente escasso e diferenciado. Noutros países, como por exemplo o Brasil e Portugal, começa a ocorrer a desvinculação forçada de certos pesquisadores, para efeitos de avaliação externa dos seus centros de pesquisa, procurando aumentar as vantagens competitivas em termos de financiamento, de que resulta a introdução de novas categorias, diferenciadas, de professores e pesquisadores, com diversas consequências conhecidas e, outras, ainda imprevisíveis.

Apesar de tudo, chego a admitir que o sistema proposto na Inglaterra possa ser menos cego e menos positivista do que aquele que nos vem sendo aplicado em Portugal. Com efeito, os referenciais de avaliação que nos são aplicados nunca foram discutidos ou objeto de consulta, ou negociação, com as instituições e os pesquisadores portugueses. As dimensões burocráticas do exercício de avaliação externa têm-se revelado evidentes, seja pela aplicação uniforme e estandardizada dos critérios, pela manifesta falta de conhecimento do contexto sociocultural e acadêmico por parte da maioria dos avaliadores, seja ainda pela tônica colocada nos indicadores de quantidade e de *status*, mais típicos das ciências e das tecnologias. Observe-se que a qualidade das publicações é, na maioria dos casos, deduzida através do local, do suporte e da língua de publicação. A produção em língua portuguesa, e possivelmente em línguas como o francês, o castelhano e o italiano, tende a ser desprezada e não chega a ser lida, uma vez que os avaliadores externos raramente conhecem tais línguas, mesmo quando, como no caso do castelhano e do português, se trata de uma combinação que as coloca entre os idiomas mais falados no planeta. Tudo uma consequência da descontextualização da avaliação realizada, uma prática tão universal, tão codificada e insular que dispensa os signos não reconhecidos como pertinentes, e até mesmo o conteúdo das publicações, sobretudo aquelas escritas em línguas consideradas profanas e de baixo prestígio acadêmico. É o que resulta da objetividade e da imparcialidade, baseadas no elogio da distância e da separação entre avaliadores e avaliados, ou sujeitos e objetos de avaliação, dessa feita se evitando a inclusão de pesquisadores portugueses, uma situação que, no contexto da avaliação dos cursos, foi já apelidada de *amigos a avaliar amigos* (ENQA, 2006). Quanto maior for essa distância, em termos geográficos, culturais e linguísticos, maior parecerá a objetividade do exercício, mesmo que este faça, frequentemente, pouco sentido para os avaliados e, por essa via, se vá deslegitimando aos seus olhos.

Não temos nós especialistas nessas matérias? O que nos tem impedido de construir uma agenda alternativa a apresentar à respectiva agência de avaliação e financiamento (Fundação para a Ciência e a Tecnologia, no caso de Portugal)? É aceitável que as unidades de pesquisa em que trabalhamos sejam avaliadas em função de referenciais que não aceitamos, ou em que, parcialmente, não nos revemos? A avaliação da pesquisa pode dispensar a produção de juízos sobre a qualidade dos textos que escrevemos e dos resultados que publicamos? As políticas de internacionalização podem ser geográfica e linguisticamente seletivas, independentemente das prioridades definidas pelas instituições e pelos grupos de pesquisa? A formação pós-graduada é apenas uma questão de número de dissertações de mestrado e de teses de doutorado defendidas, independentemente do seu impacto na consolidação da pesquisa em instituições nacionais e estrangeiras de educação superior? A *ISI Web of Kowledge*, os índices de impacto e de citação são-nos aplicáveis sem problemas e adequam-se ao nosso trabalho? Os projetos editoriais das unidades de pesquisa, sobretudo no caso das revistas académicas de circulação internacional, não devem ser especialmente valorizados? É aceitável uma menor valorização de estas e de outras dimensões, incluindo a atração de estudantes de pós-graduação e de pós--doutorado, apenas porque provêm de países de língua oficial portuguesa?

As questões seriam quase infindáveis, até em função das caraterísticas das diversas unidades de pesquisa, compostas maioritariamente por professores que ensinam e pesquisam, o que parece ser ignorado no momento da avaliação.

Estamos, pois, confrontados com vários problemas: seja quanto ao reforço académico e à consolidação das Ciências da Educação, na sua diversidade constitucional, seja quanto às suas vocações diferenciadas e, em certos casos, talvez dificilmente compagináveis, seja ainda quanto às políticas e práticas de pesquisa e quanto aos projetos institucionais e de avaliação das unidades ou centros de produção de conhecimento científico.

Agir coletivamente e de forma concertada em termos institucionais parece-me indispensável, contrariando embora a rivalidade que entre nós começa a ser induzida pelas políticas oficias de avaliação e de financiamento. A criação, mesmo que informal, de um Fórum, ou Comissão Permanente, das unidades de pesquisa em Educação poderia representar um avanço significativo, produzindo análises, estudos, propostas e procurando o diálogo com o poder político. Em termos formais, nada impede a constituição futura de uma associação, constituída por centros de pesquisa.

Se os problemas são muitos e, alguns, de considerável complexidade, haverá, porém, que não desprezar as potencialidades do nosso campo que, de forma simplesmente exemplificativa, contemplam: um número de doutorados, de unidades de pesquisa, de mestrandos e doutorandos sem precedentes na história portuguesa; uma considerável capacidade de atração de estudantes de pós-graduação e de pós-doutorado, designadamente portugueses e de países de língua oficial portuguesa, com destaque para o Brasil e, mais recentemente, também oriundos de África e da Ásia; a existência de um pequeno número de revistas científicas, com publicação regular, indexadas em bases de dados internacionais e com crescente prestígio acadêmico, dentro e fora do país; o intercâmbio com instituições e pesquisadores estrangeiros, especialmente da Europa e do Brasil; a realização, em Portugal, de reuniões científicas e congressos internacionais, em número e com frequência já consideráveis; um maior volume de trabalhos publicados em países e línguas estrangeiros, não obstante esse constituir, simultaneamente, um dos pontos ainda considerados fracos e sistematicamente apontados pelos avaliadores externos, especialmente no que se refere à publicação em língua inglesa.

Nesses e noutros aspetos, especialmente para quem se inscreve no campo das Ciências da Educação há mais de três décadas e sobre ele reflete criticamente, há que reconhecer que tal campo nunca antes foi tão forte. Mas é importante notar que o mundo acadêmico mudou muito, as exigências aumentaram consideravelmente, as avaliações e comparações internacionais começam a abater-se sobre nós, indiferentes à nossa falta de tradição, à nossa geografia, língua e cultura.

Precisamos ser mais exigentes academicamente, em certos casos muito mais exigentes, o que não significa aceitarmos passivamente os critérios de avaliação que nos são unilateralmente impostos. Precisamos, também por isso, de mais debate, mais confronto de perspectivas, mais concertação, a fim de ganharmos dimensão estratégica e capacidade negocial em termos de política científica junto do "Estado-Avaliador".

Para isso é indispensável que as partes tenham suficiente autonomia, definam as suas políticas e queiram cooperar, ou seja, que optem pela solidariedade e não pela rivalidade, o que não é fácil nos tempos que correm. A menos que se compreenda que, a prazo, ninguém sairá ganhador de uma estratégia puramente competitiva.

Não sei se isso será possível com todos, nem se tal será necessário, pois em função de distintas orientações políticas e perspectivas científicas assim se poderá reorganizar o campo, evitando a sua fragmentação. A criação de estruturas de coordenação e cooperação de nível superior, em face das atuais instituições de pesquisa, é, muito provavelmente, o próximo passo a ensaiar. Mas esse será um processo que não poderá ser conduzido por mera adição, à margem da definição de prioridades, da autoavaliação, da escolha de lideranças, da partilha de experiências e de recursos.

Mesmo nesse cenário, não escondo que, pela minha parte, prefiro manter-me resistente a uma boa parte dos dispositivos da "*Big Science*" e da inovação utilitarista (Lane, 2007), fiel à vocação da compreensão crítica e, no limite, à crítica adorniana da ciência como dominação ou, segundo as palavras de Hannah Arendt (1984, p. 305-6), como parte do processo de "instrumentalização do mundo", a partir da hegemonia do "princípio da utilidade".

De qualquer modo, uma concepção instrumental e estritamente aplicativa das Ciências da Educação, de feição tecnicista e prescritiva, funcional em face dos poderes dominantes, será exatamente aquela que, do meu ponto de vista, menos contribuirá para a consolidação acadêmica do campo, para a sua função interpretativa e crítica, e até mesmo para o seu impacto social e educativo.

Acresce, finalmente, que é precisamente naquele terreno, o das designadas "*policy sciences*" (ciências orientadas para as políticas), que mais facilmente viremos a ser substituídos, ou considerados redundantes, o que parece estar já a ocorrer, parcialmente, através da ação competente e aquiescente dos gabinetes de estudos, das assessorias internas, dos assessores externos e das empresas de consultoria, dos novos profissionais da avaliação e da gestão da ciência, dos peritos em prospectiva, dos conselheiros e de outras categorias típicas das tecnociências e da relevância crescente das tecnoestruturas. Tal como acontece, de resto, em várias áreas de intervenção de nível *meso* e *micro*, desde a avaliação institucional das escolas à produção dos seus projetos educativos, ou ainda relativamente a matérias de gestão curricular, de avaliação do desempenho docente ou de decisão pedagógico-didática.

Em qualquer dos casos, importará saber se é aceitável restringir a vocação das Ciências da Educação e dos pesquisadores em educação ao estatuto de tecnoestruturas cooptadas para mediar entre o *saber* e o *poder*, no domínio das decisões políticas, ou para produzir articulações consideradas virtuosas entre o *saber* e o *fazer*, em contextos de produção de práticas pedagógicas.

Do meu ponto de vista, tal cooptação é inaceitável e deve ser rejeitada, sob risco de perda da autonomia dos investigadores. Mesmo sabendo que existem custos a suportar e que, muito provavelmente, as Ciências da Educação, institucionalmente consideradas, continuarão a ser apontadas, por alguns, como a principal origem dos problemas da educação na república. Até mesmo, estranhamente, quando se limitam a cumprir a sua obrigação primeira:

estudar para compreender os fenômenos educativos, mais do que conhecer para competir.

4. Saberes, poderes e decisão política

Como vimos, é hoje consensual observar o recurso crescente a saberes especializados e a conhecimentos periciais por parte dos decisores políticos em educação e, de certo modo, trata-se de uma dimensão central nas sociedades modernas, já apontada por Max Weber a propósito da emergência e do protagonismo da dominação de tipo racional-legal, a que chamou "burocracia" (Weber, 1984). Nesse sentido, isto é, de acordo com o conceito weberiano de "burocracia", e considerando entre as suas variadas dimensões a importância do conhecimento científico-racional, a produção de políticas públicas é hoje *mais burocrática*, na medida em que depende mais dos saberes periciais dos especialistas, da racionalidade técnica e da procura da solução ótima, em suma, depende de uma *expertise* à margem da qual assume mais probabilidades de errar e, sobretudo, evidencia maiores dificuldades de legitimação.

Por outro lado, também a crescente centralidade das chamadas *políticas baseadas na evidência* (ver, por exemplo, a crítica de Lessard, 2009), isto é, de uma espécie de "governo pela avaliação dos resultados", tão dependente de estudos prévios, de pareceres, de propostas e da assessoria, quanto de avaliações *ex post* e da recolha de "provas", reforça o valor estratégico de certo tipo de saberes, com destaque para o conhecimento científico e técnico. Trata-se do recurso a conhecimentos que, em vários casos, também representam uma alternativa, ou uma forma de superar, a "escassa complexidade e densidade" de muitas formas de *accountability* hoje em uso na educação (Afonso, 2009a; 2009b), e especialmente as práticas de *accountability* em educação que se revelam especialmente orientadas para a vigilância, a punição e a obediência (ver Webb, 2005).

Certas articulações entre certos saberes e certos poderes são privilegiadas em termos de racionalidade política e gerencial, conferindo importância não apenas à compreensão dos fenômenos, à interpretação da realidade e ao diagnóstico dos "problemas", mas também ao inventário das possíveis "soluções". Como os "problemas" e respectivas "soluções" só são admissíveis, e só fazem sentido, no quadro de certas racionalidades, e não de uma racionalidade única ou absoluta, torna-se claro que perante distintos quadros de racionalidade existirão diferentes modos de articulação entre saberes e poderes. No limite, não existem poderes sem saberes, recursos cada vez mais indispensáveis ao exercício do poder político, tal como seria uma ingenuidade conceber os saberes — mesmo os saberes científicos —, como construções sociais alheias a relações de poder, sem capacidades diferenciadas de apoiarem e justificarem agendas políticas e de sustentarem certas decisões e realizações. Com efeito, a separação radical entre *saberes* e *poderes* remete para uma posição pretensamente a-ideológica e para uma epistemologia positivista, ancorada no objetivismo, num certo realismo ingênuo e no mito da neutralidade.

Existe, ao invés, uma evidente miscigenação de elementos (ver Lima e Afonso, 2002, p. 7-16): marcas dos saberes científicos e técnicos nos discursos políticos e na produção jurídico-normativa, muito especialmente nos preâmbulos da legislação e na justificação pública das decisões, não raro invocando estudos, pareceres, pesquisas, instituições de referência etc.; e também marcas dos discursos políticos, dos programas ideológicos e das agendas governativas nos discursos acadêmicos, nas instituições científicas, nos órgãos de consulta e nas instâncias de assessoria externa. Acresce a isso o caráter radicalmente plural das instâncias e dos lugares de produção e circulação dos saberes, agora considerados relevantes para a tomada da decisão política em educação, tal como a diversidade e, frequentemente, os conflitos no interior de uma *arena* de saberes distintamente radicados e legitimados. Em educação, como nas demais áreas, o conhecimento científico não é todo, ou o único, conhecimento disponível sobre os fenômenos educativos e, de resto, a confiança depositada nas bases científico-racionais do conhecimento de há muito se encontra sob escrutínio, no contexto das agora designadas *sociedades de risco* (Beck, 1992).

Com renovado vigor, organizações internacionais de diverso tipo, públicas e privadas, de natureza política, cultural e econômica (por exemplo, a União Europeia, a Unesco, a OCDE, o Banco Mundial, entre outras, incluindo importantes *think tanks*), vêm produzindo e divulgando conhecimento sobre educação, comparações internacionais, resultados de avaliações e testes, "boas práticas" e, especialmente, a advocacia de doutrinas e orientações políticas que circulam sem precedentes, objetos da diplomacia e das relações entre Estados, ou da negociação de empréstimos, da cooperação internacional, da assistência técnica etc. Trata-se de uma complexa combinação de conhecimento científico e técnico, por um lado, e de doutrinas políticas e econômicas, modelos de políticas sociais, programas governativos e metas a atingir ou *"benchmarks"*, por outro lado; simultaneamente elementos de convergência sistêmica, ou estrutural, em busca de um certo isomorfismo, mas também dimensões de divergência ou diferenciação passíveis de avaliação e *distinção*, inerentes a sistemas competitivos e a lógicas de emulação. As discussões em torno das "escolas eficazes", da "gestão da qualidade total em educação", da "autonomia das escolas", das "lideranças individuais", dos "cheques-ensino", da "escolha da escola", da "regulação pela avaliação", dos "orçamentos competitivos", ou dos "contratos de *performance*", entre muitos outros temas introduzidos nos últimos anos através de reformas educativas, representam bem algumas das mais influentes orientações da "Nova Gestão Pública", do "novo gerencialismo" ou do "Estado Gerencial" (Clarke e Newman, 1997) nas políticas públicas de educação.

E aqui, o debate e a crítica revelam-se tão científico-técnicos quanto político-ideológicos, a menos que se queira insistir numa visão positivista do conhecimento científico sobre educação, despolitizando e naturalizando as suas conclusões e reduzindo-as ao estatuto de simples produtos do cálculo de uma tecnociência.

O caráter pretensamente unívoco e singular dos saberes tipicamente científico-racionais sairia, contudo, abalado pela pluralidade de paradigmas, escolas, teorias e modelos de análise, como é próprio das ciências humanas e sociais e, ainda, dos interesses, das visões do mundo, das concepções epistemológicas e ontológicas que são seu apanágio. Tenho, a esse propósito, insistido na ideia de que só na ausência da referida pluralidade é pensável uma espécie de *engenharia educacional* capaz de justificar decisões político--educativas em bases estritamente técnico-racionais, num cenário em que boa parte das conclusões das nossas pesquisas seria pragmaticamente limitada à categoria de "posologia" de certas decisões de política educativa (Lima, 1995). Não existem, contudo, referências tão universais e bases de cálculo tão certas, objetivos políticos tão consensuais e tecnologias organizacionais e administrativas suficientemente fiáveis para configurar uma tal possibilidade.

Nem existem consensos científicos estabelecidos, ou generalizados, à escala universal, segundo uma eventual orientação nomotética, indiferentes à história, às sociedades e às culturas, e ainda aos próprios interesses dos pesquisadores. E isso mesmo no interior das comunidades científicas, já para não falar nas novas e mais influentes categorias dos assessores, peritos internacionais, avaliadores, altos funcionários da administração, conselheiros, técnicos de empresas especializadas, especialistas em prospectiva etc. Também os sindicatos, as associações de pais, as associações patronais, as grandes empresas, a comunicação social, as fundações de diverso tipo e outras organizações do chamado "terceiro setor" têm evidenciado as suas agendas, estudos, formas de intervenção junto da opinião pública e junto dos decisores políticos. Nesse contexto, sem retirar importância aos acadêmicos e aos seus saberes, a verdade é que eles não só se encontram divididos de acordo com as suas inscrições teóricas e as suas opções políticas, como raramente se assumem como protagonistas coletivos junto do poder político, ao contrário do que vários observadores vêm sustentando, em diversos países, no que concerne à centralidade da influência dos acadêmicos e pesquisadores em educação na formulação das políticas. Com efeito, o papel dos acadêmicos tende a ser bastante menor do que o seu potencial de legitimação; eles parecem contribuir mais para a racionalização e legitimação do processo de decisão do que para o conteúdo das decisões concretas, razão pela qual podemos encontrar múltiplos exemplos, ao longo das últimas décadas, de profundas contradições entre o discurso político cientificamente informado, os conceitos a que o legislador adere, os estudos a que recorre para justificar as decisões, a doutrina que expõe na introdução aos diplomas legais, por um lado, e as medidas efetivamente tomadas, os atos da administração, o alcance real das decisões, por outro (ver, a propósito, os estudos reunidos em Barroso, 2011, e ainda Lessard, 2011, e Oliveira, 2011).

Mas a referida articulação débil é ainda típica das relações entre governantes e especialistas independentes, não obstante os processos de seleção ou de concurso seguidos, a maior clareza dos "termos de referência" atribuídos, a tentativa de caraterização com maior detalhe dos "produtos" a apresentar. Acresce a tudo isso o fato de os especialistas procederem sempre a uma interpretação dos termos de referência que lhe são fornecidos e em cujo conteúdo intervêm com frequência, pelo menos numa primeira fase, naturalmente balizada pela sua experiência, pelos dados de pesquisa que conhecem, pelas teses ou perspectivas que defendem. A focalização específica e o racional adotados interferem, ainda, no trabalho que realizarão. Não é raro que, embora contratados por instâncias centrais, adotem ou integrem pontos de vista de instâncias periféricas; supostamente partilhando uma visão global e panorâmica do sistema educativo e da sua organização política e administrativa, observando e definindo os problemas "de cima para baixo", integrem também pontos de vista e quadros de racionalidade próprios dos atores locais e das "lógicas de ação" de quem tipicamente se inscreve nas periferias, observando "de baixo para cima", ou das margens para o centro do sistema. Essas são, de resto, algumas das razões que poderão explicar o contraste entre a superior vantagem de se recorrer a instituições científicas e a especialistas acadêmicos, em termos de prestígio e legitimação, e as desvantagens correspondentes, geralmente em termos de negociação de condições diversas (por exemplo, quanto à proteção de fontes, publicação de resultados etc.), de autonomia científica e de tendência para o debate dos resultados com a comunidade acadêmica mais alargada. De um ponto de vista estritamente pragmático, os acadêmicos podem revelar-se frequentemente menos práticos, menos unívocos, mais problematizadores e hesitantes, menos controláveis ou cooptáveis por certas agendas políticas, menos dispostos a partilhar ideologicamente os pressupostos de quem contratou os seus serviços.

Uma das formas de ultrapassar os referidos dilemas, procurando garantir, em simultâneo, o conhecimento pericial e a maior adesão às agendas políticas, a autonomia técnica tanto quanto a proximidade ao poder político, ou a "autoridade das ideias" e a "autoridade de comando" (Koontz e O'Donnell, 1973, p. 346), diminuindo assim a distância entre concepção e decisão, consiste no recurso privilegiado a assessorias internas, realizadas por altos quadros da administração, gabinetes ou grupos de estudos. Setores que vêm conhecendo uma centralidade crescente, com base nos quais se realiza a representação em variadas organizações internacionais e em projetos diversos de cooperação, geralmente mantendo algumas relações com a comunidade acadêmica, seja em termos de formação pós-graduada, seja através de protocolos de colaboração com centros ou projetos de pesquisa.

Através da recomposição da tecnoestrutura dos serviços centrais do ministério da educação e de outras estruturas dirigentes em nível estadual ou municipal, reforçando consideravelmente as suas valências e competências de ordem assessorial, contribui-se para a emergência de um *locus* de conhecimento técnico-científico próprio da administração, menos dependente das instituições acadêmicas e das suas lógicas específicas e, eventualmente, mais eficaz na mediação entre *saber* e *poder*. Recorde-se que o Estado, que continua a ser o grande ator político-institucional da educação em Portugal, não obstante os fenômenos de *europeização* das políticas educativas, mesmo se ainda fora do quadro das injunções mais típicas que as "diretivas" da União Europeia representariam, manifesta uma preferência por: conhecimento pragmático, inscrito nas tendências transnacionais, mesmo em detrimento de um conhecimento mais crítico, independente e contextualizado; uma epistemologia de feição mais nomotética e menos ideográfica, adotando uma lógica quantitativa que permita a generalização estatística e a adoção de soluções político-administrativas em grande escala; uma concepção de avaliação de inspiração neopositivista, procurando sobretudo mensurar para comparar, diferenciar e hierarquizar.

O crescente apelo à legitimação técnico-científica das decisões políticas, a valorização sem precedentes da racionalidade econômica, os objetivos de modernização de tipo gerencialista e eficientista que hoje se generalizam sob inspiração da "Nova Gestão Pública" e de suas correspondentes propostas de "gestão da qualidade total", avaliação e auditoria, vêm revelando o potencial choque de racionalidades e de legitimidades entre quadros políticos que tomam decisões e quadros administrativos que elaboram estudos e pareceres técnicos de preparação da tomada de decisões, ou seja, entre poder político legítimo (autoridade) e poder técnico baseado no conhecimento e em "imperativos" de ordem instrumental (influência). De resto, Nils Brunsson (2006) chama a atenção para o fato de nem sempre serem os políticos a dar início aos processos de decisão, os quais tendem a ser apresentados como um imperativo técnico e, em tais casos, a serem mobilizados a partir de iniciativas, ou pressões, por parte dos corpos técnicos pertencentes a uma dada administração, designadamente através da assessoria interna. Acresce que é ao corpo técnico que cabe estudar os problemas e, frequentemente, conceituá-los em termos racionais, produzir pareceres e apresentar propostas de solução. Trata-se de uma considerável influência no agendamento e na definição de problemas e, como tal, também de uma potencial limitação técnica imposta à agenda política. Sem esquecer que será o corpo técnico, de novo, que acabará provavelmente por coordenar o processo de execução das medidas ou soluções aprovadas pelos decisores políticos (poder de execução).

É o que sucede, em geral, com as reformas organizacionais, seja no âmbito de programas de modernização da administração pública, seja no quadro de processos de racionalização econômica e de reorganização empresarial, através da ação de departamentos de desenvolvimento ou assessoria interna e, de forma crescente, por intermédio da ação de fundações privadas e de empresas de consultoria que, na expressão de Brunsson e Olsen (1993, p. 192), "vendem reformas". Reformas que tendem a ser engendradas por processos de reforma anteriores, considerados insucedidos e que, dessa feita, legitimarão reformas posteriores, numa busca incessante da reforma administrativa e organizacional com sucesso, baseada na crença racionalista de que é possível alcançá-la através de meios organizacionais e administrativos. Aqueles autores, porém, observam que, quanto mais débil for a educação cívica numa dada sociedade, mais a administração pública tenderá a ser chamada a cumprir missões que são inatingíveis, qualquer que seja o figurino organizacional adotado; em tais condições, nenhuma reforma organizacional poderá suceder-se (ibid., p. 23).

Finalmente, no que concerne ao protagonismo que a assessoria externa tem assumido no âmbito da administração pública, trata-se, em parte, do resultado das fortes pressões de modernização, especialmente a partir de um referencial econômico-empresarial, a que a administração vem sendo subordinada. Tal referencial revela-se, desde logo, dominante quando inviabiliza, ou considera ilegítima, a ação do corpo técnico ou a intervenção assessorial interna, próprias da administração pública, até mesmo no caso de terem origem em distintos departamentos governamentais ou organizações. O recurso à terciarização é frequentemente considerado preferível, através da contratação de empresas privadas representadas como mais independentes e mais competentes para responder positivamente aos "termos de referência" (políticos) que lhe são apresentados pelas autoridades. É que, paradoxalmente, a reinvenção do público antes assenta, muitas vezes, na sua hostilização em termos político-ideológicos, nalguns casos mesmo na sua privatização, pelo menos em termos de introdução de uma cultura empresarial que se revela central à construção de um novo "Estado-gerencial".

Em qualquer dos casos, reformar e mudar são as palavras de ordem incessantemente repetidas, de forma aparentemente independente dos resultados obtidos por processos de reforma e de mudança anteriores, o que significa que a assessoria se revela um meio auxiliar incontornável e se afirma como uma autêntica fonte de animação, promoção e legitimação de reformas. E como tal não pode deixar de ser estudada sem ser por referência, também, à sua *politicidade*, uma vez que uma assessoria totalmente neutra ou descomprometida se revelaria não apenas uma impossibilidade epistemológica, mas também uma irresponsabilidade social.

Outra alternativa às instituições acadêmicas, evitando simultaneamente o recurso à burocracia profissional do ministério ou da administração pública, consiste no recurso ao mercado e à contratação de empresas privadas, tendência que em Portugal se vem revelando crescente e não isenta de problemas, especialmente no que concerne à qualidade e à adequação dos serviços prestados, para além de representar uma manifesta menorização dos quadros superiores de uma administração central e regional que não chegou a ser reformada, não obstante o elogio programático do caráter "pós-burocrático" do Estado e das políticas públicas.

Contraditoriamente, em face de certas agendas reformistas que anunciam o afastamento dos padrões burocráticos, pejorativamente conotados com a administração pública e só considerados ultrapassáveis através da reforma do Estado e do correspondente apelo à inovação do mercado e do setor empresarial, a centralidade do conhecimento pericial de feição pragmática, das orientações técnico-científicas, tal como de concepções positivistas e instrumentais de avaliação, agora instrumentos privilegiados de regulação e metarregulação, ou supervisão estatal, aponta na direção da hiperburocracia. Trata-se de uma radicalização de vários dos traços mais caraterísticos do tipo-ideal weberiano, muito mais do que da sua superação ou afastamento; traços pouco notados, talvez porque onipresentes e já naturalizados. À semelhança da crítica à ideologia do outro — pois, como se sabe, é sempre "o outro" que é considerado ideológico —, também o epíteto de burocrático se aplica à realidade sob crítica ou escrutínio, como se a gestão empresarial ou os Estados socialistas, a título de exemplo, tivessem alguma vez representado uma alternativa real à burocracia, assim contrariando as conclusões do sociólogo alemão ou as tendências para a "burocratização do mundo" (Rizzi, 1983).

Ao invés, o que se observa nas políticas públicas de educação, especialmente por ação dos instrumentos de convergência e harmonização à escala europeia, por exemplo, como no caso do *Processo de Bolonha*, das avaliações e comparações internacionais de *performance* dos sistemas educativas, como o *PISA*, por exemplo, das reformas e processos de modernização e racionalização, da avaliação do desempenho profissional, entre muitos outros aspectos, é um regresso às pedagogias científicas e racionalizadoras, ao protagonismo dos objetivos educacionais e da racionalidade *a priori*, ou de antecipação, ao planeamento e ao cálculo racional. Nesse quadro, as organizações educativas tendem a ser representadas como instrumentos técnico-racionais que buscam alcançar objetivos consensuais e bem definidos, através de processos estáveis e não problemáticos, assim se retornando, paradoxalmente, a concepções organizacionais marcadamente mecanicistas e formalistas.

Em termos interpretativos, pareceria injustificável não admitir a tese de uma burocratização extensiva e em profundidade das políticas públicas e dos próprios processos em educação: uma hiperburocracia educacional em que se destaca o excesso e a obsessão pelo *optimum*, pela *performance* competitiva, pela modernização e racionalização, pelos resultados rigorosamente mensurados; por novas formas de controle dos profissionais, pela estandardização sem precedentes, apoiada pelas novas tecnologias da informação e comunicação; pelas lideranças individuais legitimadas pelo saber técnico especializado, como é próprio da "burocracia monocrática"; pela imposição de novas hierarquias e de mais sofisticadas formas de divisão do trabalho educativo, pelo elogio da objetividade e impessoalidade, e por uma nova ordem racional que ora é descentralizada em termos de execução técnica e procedimental, ora é recentralizada em termos de decisão política. Em tudo isso, a *démarche* política no sentido de *cientificizar* as decisões, as avaliações e os julgamentos de valor, é incontestável, podendo, talvez, ser interpretada no quadro de uma *moder-*

nidade radicalizada e, do mesmo modo, de um renovado e mais profundo processo de "desencantamento do mundo" (ver o estudo de Neta, 2009), do qual emerge a hiper-racionalização da educação no novo capitalismo. Note-se que, a este propósito, Armitage (2001) observa o processo de transição da modernidade para a "hipermodernidade", associando-lhe vários fenômenos de aceleração e intensificação da modernidade, designadamente a velocidade, a dimensão global, ou ainda o caráter efêmero das organizações hipermodernas.

Em conclusão, as novas e mais complexas conexões entre *saberes* e *poderes*, no âmbito da produção de políticas públicas em educação, não parecem interpretáveis fora do estudo dos processos de reconfiguração do Estado, da ação, sem precedentes, de poderosas agências internacionais, da produção de orientações políticas, programas, novas formas de regulação e metarregulação de tipo transnacional, bem como independentemente do processo de luta e negociação sobre os mandatos para a educação (cf., entre outros, Barroso, 2003, e Fontoura, 2008), uma *arena política* habitada por numerosos atores institucionais, agendas e interesses em torno da educação.

III

Educação, Estado, sociedade civil

O campo das decisões políticas em educação, especialmente no contexto europeu, vem sofrendo alterações profundas, assim caraterizadas por Fátima Antunes (2008, p. 43):

> ampliou-se e complexificou-se, por um lado, para incluir modalidades e protagonistas do espaço supranacional (e subnacional); está hoje reduzido e esvaziado, ao nível nacional e para algumas áreas, em que os processos e os procedimentos, as instâncias, espaços e *fora* legítimos de decisão se viram contornados, ultrapassados, ignorados [...],

o que levou a autora a chamar a atenção para a existência de um "*deficit* democrático".

As relações tradicionais entre educação, Estado e sociedade civil foram, com efeito, objeto de consideráveis alterações, devido à emergência de novas instâncias supranacionais, agendas globais e distintos processos de governação, os quais induziram mudanças sem precedentes nas concepções educativas, nos discursos e nas práticas pedagógicas que, em boa parte, estão ainda por estudar em toda a sua amplitude. A deslocação, já assinalada, da *educação para a aprendizagem* nos discursos políticos à escala internacional, bem como a centralidade atribuída à aprendizagem individual orientada para a obtenção de ganhos económicos e de produtividade ("Aprender para Ganhar"), correspondem a uma mudança de paradigma nas relações entre o Estado e a educação, conferindo novo protagonismo à sociedade civil, ao mercado e ao próprio indivíduo enquanto primeiro, e maior, responsável pela sua "biografia de aprendizagem". Tais mudanças foram operadas em termos políticos mas, simultaneamente, evidenciaram uma capacidade inédita para se legitimarem em termos pedagógicos e para colocarem sob enorme pressão o pensamento educacional de raiz humanista e crítica, agora simplesmente considerado "tradicional", mesmo que só muito raramente, e parcialmente, tenha chegado a ser adotado em termos históricos. De idêntico modo, o paradigma do conhecimento útil e para a competitividade ("Conhecer para Competir") alterou as relações entre saberes e poderes e contribuiu para subordinar a pesquisa em educação, tanto quanto a produção coletiva de conhecimento no contexto de organizações e de outros lugares de educação, aos agora designados quesitos da modernização e da economia do conhecimento.

Os impactos resultantes das mudanças antes referidas são muito variados, seja em termos nacionais seja, também, em função dos diferentes atores institucionais e das distintas áreas dos sistemas educativos. O presente texto representa uma contribuição, ainda inicial, para a análise das complexas relações entre o Estado, a sociedade civil e o mercado, e do hibridismo resultante das suas interseções e tensões, em torno da educação de adultos. Trata-se de uma das áreas educativas que mais cedo foi objeto de internacionalização, tendo emergido historicamente a partir da ação de movimentos sociais e de organizações de base, só mais tarde tendo sido reconhecida e integrada na esfera estatal, de provisão e de controle, para passar, mais recentemente, a ser objeto de políticas de devolução por parte do Estado, seja para a sociedade civil e para um "terceiro setor" altamente heterogêneo e fragmentado, seja para um mercado de aprendizagem emergente.

1. O caso da educação de adultos

A educação de adultos é um campo de práticas historicamente influenciado pelos ideais políticos e educativos, e também pelos métodos de participação e mobilização, típicos da educação popular e da "educação liberal" de adultos, consoante as tradições e as geografias. Uma boa parte do desenvolvimento institucional da educação de adultos, em muitos países de distintos continentes, deveu-se exatamente à ação de setores populares e comunitários, organizados através de movimentos operários e sindicais, de movimentos de temperança e de educação política e cívica, de associações populares e de coletividades locais, de mutualidades, cooperativas, ateneus, grêmios ou clubes, ou ainda através da ação das igrejas. O papel do Estado, em termos de reconhecimento, de provisão e de regulação, ocorrerá mais tarde, em muitos casos já depois da Segunda Guerra Mundial e com a emergência do Estado-providência e das políticas públicas de signo social-democrata, especialmente na Europa (ver Lima e Guimarães, 2011).

A tradição da educação popular de adultos, não obstante a considerável diversidade histórico-cultural que lhe é caraterística — dos círculos de estudo e das associações de estudos nos países nórdicos, aos círculos de cultura e aos processos de "conscientização" (Freire, 1999) na América Latina —, privilegiou as dinâmicas associativas, comunitárias e de índole local, bem como dispositivos de participação e mobilização crítica, de educação política, para a cidadania democrática e a transformação social. As articulações, sem dúvida plurais, entre educação de adultos, Organizações da Sociedade Civil (OSC) e democracia representam um pilar da educação de adultos enquanto campo político-educativo, socialmente construído a partir do século XIX e, sobretudo, durante o século XX, ainda que em muitos países, como o Brasil e Portugal, de formas acentuadamente intermitentes e contraditórias ao longo da história (Haddad e Di Pierro, 2002; Lima, 2007a). A maior ou menor presença e relevância desse pilar nas políticas públicas revela-se, atualmente, um possível indicador do compromisso social dessas políticas e do grau de democratização social e educativa, buscado através das orientações governamentais para a aprendizagem e educação de adultos. Representa, ainda hoje, uma "lógica de ação" político-educativa presente em novas políticas de educação e formação de adultos, designadamente na Europa (Melo, Lima e Almeida, 2002), embora se deva reconhecer que, em muitos casos, se encontra sujeita a uma forte erosão, chegando mesmo a ser objeto de desvalorização por parte de certas "lógicas de ação" concorrentes, sobretudo aquelas de pendor mais modernizador e tecnocrático, especialmente subordinadas à qualificação, à gestão de recursos humanos e à utilidade do conhecimento para efeitos de competitividade, designadamente econômica. Trata-se, como vimos já, da conhecida abordagem da aprendizagem ao longo da vida em termos restritos e predominantemente adaptativos em face da economia no novo capitalismo, em busca de "habilidades economicamente valorizáveis", da empregabilidade e das competências para o crescimento econômico e a produtividade. Embora em termos de políticas sociais, e também mesmo de um ponto de vista teórico, não se possa afirmar que a lógica político-educativa da educação popular e a lógica político-educativa da gestão de recursos humanos sejam totalmente incompatíveis, ou absolutamente opostas, antes podendo ser tomadas como polos, ou extremos, de um *continuum* de aprendizagem e educação de adultos, a verdade é que é bem visível o protagonismo crescente da segunda sobre a primeira. De tal forma que, nalguns casos, pode ser legítimo duvidar do caráter educativo de muitas iniciativas de formação, de aprendizagem e de qualificação de adultos (cf. Lima, 2007a).

Em vários países, as políticas educativas das últimas décadas têm desvalorizado a educação popular de adultos, de tipo não escolar, em contextos associativos e promovidas por Organizações Não Governamentais (ONG) e Organizações da Sociedade Civil (OSC), atribuindo prioridade à formação vocacional e à educação escolar de segunda oportunidade, através da recuperação escolar e de cursos formais para jovens e adultos oferecidos pelas escolas. Referindo-se ao Brasil e à Educação de Jovens e Adultos (EJA), Rummert (2007, p. 63) chama a atenção para o seu caráter de "educação de classe", assim evidenciando um "*status* inferior no mercado de bens culturais". De certa forma, de acordo com a abordagem gramsciana adotada pela autora (ibid., p. 47-8), bem se poderia admitir que as tensões entre uma educação "desinteressada" e uma educação para o "emprego", buscando a primeira uma cidadania "governante" e a segunda uma cidadania "qualificada", tendem a ser resolvidas a favor da segunda orientação. Também em Portugal, por exemplo, desde meados da década de 1980 que a referida política vem sendo desenvolvida, destacando-se igualmente, do ponto de vista do associativismo, uma progressiva deslocação para a prestação de serviços de assistência social e para o estatuto jurídico, a partir de 1983, de Instituição Particular de Solidariedade Social. Ao contrário do que sucede noutros países europeus, as associações sem fins lucrativos e, em geral, o designado "terceiro setor", têm-se destacado, em Portugal, pela sua intervenção através de parcerias com o Estado, na promoção de serviços sociais e assistenciais, mas menos nas áreas educativas e culturais. Procuram, dessa forma, compensar a ainda insuficiente cobertura pública da proteção social (cf. Quelhas, 2001, p. 128-9) e as fraquezas de um Estado-providência cuja construção, sendo recente, se revela já, contraditoriamente, em processo de erosão.

As iniciativas lançadas em Portugal a partir dos anos 2000, em termos de aprendizagem e educação de adultos, inicialmente protagonizadas pela Agência Nacional de Educação e Formação de Adultos (ANEFA), designadamente os Cursos de Educação e Formação de Adultos e os Centros de Reconhecimento, Validação e Certificação de Competências (agora designados *Centros Novas Oportunidades*), embora tenham contribuído para alargar a rede de ofertas educativas, optaram por privilegiar a lógica da produção de certificações escolares e profissionais. Por essa razão, têm evidenciado dificuldades de articulação com as iniciativas associativas, comunitárias ou de desenvolvimento local, mais compatíveis com a lógica da educação popular e com dinâmicas educativas de tipo não formal; pelo contrário, as primeiras são iniciativas governamentais realizadas através de contratos promovidos pelo Estado com empresas e também com OSC, embora baseadas em processos formais e de regulação racional-burocrática, ainda bastante próximos dos da cultura escolar.

Contudo, em certos círculos políticos, educativos e acadêmicos continua a valorizar-se fortemente a tradição associativa como potencial fator de mobilização cívica da sociedade civil e de desenvolvimento democrático da educação popular de adultos. Ainda que, em Portugal, como noutros países da Europa do Sul, as iniciativas de índole popular em matéria de educação de adultos, por referência privilegiada a contextos associativos, correspondam a uma agenda historicamente intermitente e de que raramente resultaram iniciativas consistentes e com grande impacto ao longo do século XX, elas persistem no ideário educativo de muitos atores sociais. Enquanto projetos e ações socioeducativos concretos, essas iniciativas da sociedade civil resistem frequentemente nas margens de um sistema político-administrativo que tende a desvalorizá-las e que, em todo o caso, raramente conta com elas em termos de políticas públicas, de programas e de meios de financiamento ou de apoio.

Especialmente a partir da década de 1980, perdeu-se a mobilização alcançada após a revolução democrática de 25 de Abril de 1974, seja em termos de cultura e educação popular, seja em termos de animação local e dos seus impactos na aprendizagem e educação de adultos. Ficava para trás a ação descentralizadora da Direção-Geral de Educação Permanente do Ministério da Educação, em meados da década de 1970, e o apoio às associações de educação popular (cf. Melo, 1978, 1979, 1983; Melo e Benavente, 1978), rejeitando lógicas centralistas, extensionistas, de campanha ou de endoutrinamento. Mas o potencial educativo das associações, de movimentos sociais e de OSC que havia sido ensaiado após 1974, seja em termos de políticas educativas, seja em termos de práticas de educação popular de adultos, subsistiria como um ideal de orientação para certas concepções de aprendizagem e educação de adultos de raiz democrática; tal como, de resto, as críticas sistemáticas à sua subvalorização, ou ao seu desprezo, pelos sucessivos governos nunca mais deixaram de ser apresentadas por diferentes grupos de ativistas educacionais e de acadêmicos.

Nos últimos trinta anos, a pesquisa realizada em Portugal procurou inventariar e descrever as associações populares, ONG e OSC, construir tipologias e identificar o seu potencial socioeducativo (cf. Lima, 1982; Lima e Erasmie, 1982; Norbeck, 1983; Lima, 1986; Lima e Sancho, 1989); estudá-las enquanto objeto privilegiado de uma sociologia da educação não escolar (Afonso, 1989; Loureiro, 2009); analisá-las por referência à cultura popular e ao desenvolvimento local (Silva, 1994; Fragoso, 2011). Noutros casos, procurou-se dar conta de resultados produzidos por projetos de intervenção e de pesquisa participante centrados nas OSC enquanto agentes de educação popular de adultos e de desenvolvimento local (Erasmie, Lima e Pereira, 1984; Melo, 1988; Lima, 1990; Melo e Soares, 1994; M. L. Silva, 1996; Fragoso, 2009). São ainda de referir pesquisas e teses acadêmicas, com destaque para o estudo do impacto educativo das políticas governamentais (entre outros, Nogueira, 1996; Cavaco, 2002, 2009; Guimarães, 2004; Sancho, 2004; Guimarães e Sancho, 2005; Lima, 2006; Canário 2007; Castro, 2007; Loureiro, 2009; Rothes, 2009; Sá, 2009; Guimarães, 2011).

As pesquisas realizadas tendem a partir de uma inequívoca valorização teórica do papel das associações populares e de outros tipos de OSC, reconhecendo as suas potencialidades educacionais, em geral consideradas por explorar devido a obstáculos impostos por políticas públicas restritivas. As opções de sobrevivência de muitas OSC passaram pela adesão ao estatuto de parceiros do Estado na provisão de serviços de providência social, em certos casos através da criação de "empresas sociais" ou, ainda, noutros casos, pela candidatura a programas de desenvolvimento regional, de desenvolvimento rural, de formação profissional, de iniciativas locais de emprego, onde algumas OSC insistem em introduzir objetivos e práticas de aprendizagem e educação de adultos, embora frequentemente com caráter marginal ou secundário. Mais recentemente, em Portugal, a candidatura ao programa governamental "Novas Oportunidades" (incluindo cursos de educação e formação de adultos com certificação escolar e profissional e, ainda, processos de reconhecimento, validação e certificação de competências antes adquiridas) representa outra alternativa, dessa feita mais centrada na aprendizagem dos adultos, mas mais descentrada da educação não formal, e mais distante da educação comunitária, do desenvolvimento local, da educação popular.

Em termos globais, a própria subordinação do conceito de educação aos conceitos de formação (principalmente profissional ou vocacional) e de aprendizagem ao longo da vida (de caráter marcadamente individualista e utilitarista, com vista à obtenção de vantagens competitivas) veio também contribuir para a desvalorização da intervenção tradicional das associações populares e de outras OSC na educação popular de adultos. Tal intervenção, porém, parece resistir em alguns casos e, noutras situações, é objeto de recontextualizações e adaptações várias, cruzando-se com novas dinâmicas, seja em termos de formação profissional, de combate ao desemprego ou de promoção da economia social, seja ainda em termos de combate à exclusão social e de prestação de serviços de proteção social.

Agindo num campo de práticas de educação e aprendizagem ao longo da vida extremamente plural e fragmentado, ora mais dependente de programas oficiais, ora numa situação de relativa resistência perante as políticas estatais, também as OSC apresentam dimensões políticas e organizacionais, concepções e projetos educacionais, relações com o Estado, a sociedade civil e o mercado que são consideravelmente diferentes.

2. Para uma tipologia das organizações da sociedade civil na educação de adultos

Os conceitos de OSC, de ONG e, em geral, de "terceiro setor", revelam-se complexos e consideravelmente heterogêneos (Montaño, 2002). A sua remissão imediata e pouco discutida para o campo da sociedade civil representa outra fonte de ambiguidades, a par de uma manifesta erosão da intervenção do Estado na educação, ideologicamente promovida e objeto de justificações despolitizadas (ver Montaño e Duriguetto, 2011, p. 304-9). Certamente que as diferentes teorias do Estado, e da sociedade civil, são fonte de um pluralismo conceitual e de um elevado número de representações que não são passíveis de estudo neste texto. Opta-se, também por essa razão, por uma abordagem teórica de inspiração gramsciana, mesmo admitindo que a referência ao Estado deve agora compreender não apenas o Estado nacional, mas também outras formas mais complexas, incluindo configurações transnacionais, em rede, ou de nível metaestatal, bem como novos processos de regulação e supervisão. Também a sociedade civil apresenta atualmente configurações mais complexas e, frequentemente, à escala global. Em qualquer dos casos, porém, o *locus* nacional não é o único horizonte da mundividência gramsciana.

Especialmente nos seus textos escritos na prisão, entre 1929 e 1935, Antonio Gramsci (1998) desenvolveu o conceito de sociedade civil de forma original, particularmente associado ao conceito de hegemonia e à produção de consenso. Segundo Bobbio (1999, p. 54), diferentemente de Marx, Gramsci terá associado o conceito de sociedade civil ao momento da *superestrutura* e não da *estrutura*. Assim, a sociedade civil, enquanto elemento da superestrutura político-cultural (ideologia e consenso), articula-se dialeticamente com a superestrutura político-legal, isto é, com a sociedade política (dominação e coerção). Embora em tensão, mas não sob uma tensão dualista, sociedade política e sociedade civil não são, porém, separáveis (Semeraro, 2001, p. 92). Tal como, de resto, a estrutura econômica ou conjunto das relações materiais de produção (racionalização e produção de trabalho) não é separável da superestrutura política. Tal unidade dialética é típica da concepção gramsciana de Estado, pelo menos em termos de uma noção geral de Estado, a qual, segundo as palavras de Gramsci (1998, p. 263), "inclui elementos que necessitam de ser referenciados retornando à noção de sociedade civil (no sentido em que se pode dizer que Estado = sociedade política + sociedade civil, por outras palavras, hegemonia protegida pela armadura da coerção)".

De acordo com Gramsci, não há lugar a separações, mas antes a distinções analíticas, entre Estado, sociedade civil, vida econômica ou mercado capitalista. Defensor de uma concepção de sociedade civil autorregulada, ou "sociedade regulada", o autor revela-se a favor da emancipação da sociedade civil, da constituição de indivíduos autogovernados, contra a subordinação, em luta por uma nova hegemonia e pela formação de um distinto consenso. É nesse contexto que se destaca o papel do "intelectual orgânico", atuando no interior dos movimentos ou agrupamentos progressistas, usando menos a "eloquência" e mais a "participação ativa", sendo sobretudo um organizador e um "persuasor permanente" (Grasmci, 1998, p. 10), perfil a que tem sido associado o educador de adultos, de acordo com uma concepção de educação para a transformação, proposta entre outros por Paulo Freire (ver Mayo, 1999).

O elogio da intervenção das OSC no campo da aprendizagem e educação de adultos, frequentemente sob a designação genérica de "terceiro setor", embora compreensível e passível de articulação com abordagens teóricas críticas, de educação para a participação ativa e a transformação social, é contudo consideravelmente ambíguo. Desde logo devido à própria ambiguidade do conceito de "terceiro setor", frequentemente indicando uma concepção fragmentada da realidade social, que simplesmente opõe o "terceiro setor" ao "primeiro setor" (o Estado) e ao "segundo setor" (o mercado). Contudo, as esferas sociais, políticas e econômicas, ainda que teoricamente associáveis às dimensões de participação e transformação, de legitimação e controle, e de racionalização e escolha ótima, respectivamente, não se encontram cindidas, mas antes interagem dialeticamente, por referência à complexidade e à totalidade do mundo social (Montaño, 2002).

É, portanto, considerável o grau de hibridismo, teórico e empírico, apresentado pela metáfora do "terceiro setor", tomada quase sempre como sinônimo de sociedade civil, associada a um universo formado por ONG, OSC, organizações voluntárias e de intervenção cívica, associações populares, agências de desenvolvimento local, fundações etc. Contudo, parece teoricamente produtivo pensar as OSC de acordo com distintos conceitos de "terceiro setor", baseados na sua maior ou menor proximidade com a comunidade, com o Estado ou com o mercado.

Ainda que tentativamente desenhada, será esboçada, seguidamente, uma proposta de tipologia de OSC na educação de adultos, a qual deve ser entendida como ensaio preliminar a exigir aprofundamentos e refinamentos, só possíveis através de mais investigação empírica sobre a realidade portuguesa. Note-se que se partiu da realidade empírica e dos resultados obtidos através das pesquisas antes referenciadas para desenhar, de forma preliminar, três constelações de dimensões que possam apresentar o mínimo de congruência teórica e consistência interna. Não se trata, portanto, de simples idealizações, ou de construções teóricas *a priori*, embora, por outro lado, a sua caracterização, ainda algo estilizada, exija o seu confronto continuado, histórica e politicamente contextualizado, com a realidade a estudar em termos empíricos.

No primeiro caso, as OSC e a sua participação na aprendizagem e educação de adultos podem ser interpretadas como instâncias *críticas e transformadoras*, ou como *sítios para a produção educativa e multicultural, orientadas para a cidadania democrática, a justiça e a transformação social*. Trata-se de possíveis expressões da sociedade civil e da sua criatividade, alargando a sua autonomia relativa, em busca de novas formas de autogoverno democrático, de participação ativa nos processos políticos de participação, de democratização da democracia formal, do Estado, das instituições políticas. A sua ação dá lugar a dinâmicas de mobilização, de politização e desnaturalização dos fenômenos sociais e educativos, à emergência de conflitos mesmo no seu interior, buscando a reinvenção democrática do Estado-providência e, em última instância, adotando o objetivo utópico da absorção do Estado por uma sociedade civil autorregulada, de acordo com a perspectiva de Gramsci. A aprendizagem e educação de adultos, nesse quadro de referência, representam elementos centrais de política cultural, de educação política e para a cidadania democrática, de participação em direção à transformação, inscritos em processos de luta e de reivindicação. A mobilização política e social é simultaneamente representada como processo educativo e de aprendizagem social e como produto da ação político-educativa e de "conscientização", na tradição da alfabetização crítica, da educação problematizadora e como prática da liberdade, de acordo com as propostas freireanas.

As OSC como *extensões burocráticas ou serviços locais, ou repartições do Estado e da administração pública*, ou ainda como *parceiros na produção de bem-estar social*, representam um segundo tipo. Trata-se do resultado de um complexo processo de indução das OSC pelo Estado, que dessa forma engendra e reconhece os seus parceiros privilegiados, sob distintas formas de regulação ou metarregulação estatal, de acordo com regras heterônomas mais ou menos centralizadas. Isso significa que as OSC são teoricamente representadas como situando-se num *continuum* entre a sociedade civil e o Estado, admitindo-se variações e lugares distintos, mas em qualquer caso atribuindo protagonismo ao Estado. A sobredeterminação estatal ocorre em termos de definição de políticas, raramente com a participação das OSC nos respectivos processos de decisão, separando a concepção e a decisão das políticas sociais dos processos de execução ou implementação. Frequentemente orientadas para a gestão de problemas sociais e de exclusão, principalmente através de processos de adaptação funcional e de acordo com os objetivos das políticas estatais e as "necessidades" do sistema, as OSC tendem, nesse caso, a operar num contexto de devolução estatal; um contexto frequentemente apresentado sob os conceitos de descentralização e autonomia, embora de natureza predominantemente operacional ou técnica e, como tal, compatível com a decisão política centralizada e heterônoma. As OSC tentam, nesse contexto, responder positivamente aos quesitos burocráticos que lhe são impostos, de forma a poderem ser aceites, até legalmente, como parceiras, e a poderem ser financiadas pelo Estado.

Desenvolvem, com frequência, estruturas isomórficas em face do Estado e da administração pública, podendo aparentar-se mais com aquele do que propriamente com instâncias da sociedade civil. Subordinação às agendas oficiais, gestão da crise e produção de consensos, são alguns dos elementos mais típicos desta concepção funcionalista, de que resulta, em maior ou menor grau, uma certa governamentalização das OSC, especialmente através de processos de parceria e de delegação de competências sociais e educacionais. De acordo com este quadro, a aprendizagem e educação de adultos tendem a cumprir objetivos de controle e regulação social, de modernização econômica promovida através de políticas públicas, de cooptação das OSC pela esfera estatal, passando a operar como parceiras privilegiadas, ou como prestadoras de serviços em nome do Estado. Tipicamente, são as modalidades de educação escolar de adultos como segunda oportunidade, de formação profissional, de certificação escolar e profissional, por vezes através de processos de reconhecimento de competências com vista à certificação escolar e profissional em larga escala, que tendem a dominar. E ainda as articulações diversas entre formação e programas de proteção e inclusão social, ou ainda entre aprendizagem e gestão de recursos humanos e combate às estatísticas oficiais de desemprego.

Um terceiro tipo compreende as OSC como *unidades de quase-mercado* ou como *organizações de cultura corporativa e de ethos empresarial, orientadas para o mercado de aprendizagem e seus respectivos clientes*. As OSC são teoricamente situadas entre a sociedade civil e o mercado, sendo atores sociais bastante influenciados pela esfera econômica e pelas relações de mercado. Este conceito de "terceiro setor" é apresentado como uma alternativa pós-burocrática ao Estado-providência, considerada mais racional, mais eficiente e eficaz em termos gerenciais, de acordo com as perspectivas conhecidas por "Nova Gestão Pública". É também associada à reforma neoliberal do Estado de bem-estar social ou, ainda, do chamado "modelo social europeu", em termos de políticas sociais, garantindo mais liberdade aos indivíduos e mais capacidade de escolha ("Teoria da Escolha Pública"). O ator individual tende a ser conceitualizado como um cliente, mais do que como um cidadão ou um participante nas decisões que afetam a *res publica*. A aprendizagem individual é agora o elemento central da construção racional e competitiva de um portfólio de competências, representado como uma "vantagem competitiva" de cada indivíduo, também com impacto nas vantagens em termos de competitividade econômica e de produtividade entre países. A competitividade entre OSC é induzida não apenas pela escassez dos financiamentos públicos e pela adoção de orçamentos competitivos e concursos de projetos e candidaturas, mas também pelas regras de mercado, em busca da excelência e dos aprendentes individuais mais lucrativos e de maior *status* social, de acordo com o lema "competir para progredir". A aprendizagem e educação ao longo da vida tendem a ser subordinadas ao paradigma da formação profissional e aos conceitos de qualificação, competência e habilidades para a valorização econômica, sendo vistas sobretudo como variáveis ou fatores de competitividade econômica. A prestação de serviços de educação, formação e aprendizagem, passíveis de mercadorização, ocorre sob modalidades muito distintas, desde as empresas de formação ao empreendedorismo social, passando por complexas parcerias público-privadas.

Entendidos como construções teóricas e empíricas preliminares, os três tipos de OSC e seus respectivos estilos dominantes de intervenção em projetos de aprendizagem e educação de adultos não existem de forma pura, homogênea e congruente em cada realidade socioeducativa a ser estudada. Exige-se, portanto, que a proposta conceitual seja adaptada às particularidades de cada contexto político, cultural e educativo em análise, admitindo a integração de outras dimensões teóricas e empíricas consideradas compatíveis com cada um dos três tipos de OSC propostos, ponderando a necessidade de introdução de outros tipos, ou subtipos, para a análise de cada realidade social concreta. Mas sem dúvida mais relevante será a capacidade para articular os três tipos de OSC apresentados, admitindo que cada organização possa evidenciar dimensões típicas de mais do que um dos tipos propostos. Admite-se, portanto, a existência de situações de hibridismo e combinações complexas, de resto plausíveis a partir da adoção da metáfora do *continuum*: uma linha demarcada por dois extremos, ou polos de atração, que compreende uma grande diversidade de situações, em graus variados de aproximação e de afastamento relativamente a cada um desses polos. A essa situação de hibridismo, ou mesmo de tensão dialética, haverá ainda que juntar o fato de também cada ator social poder participar simultaneamente em diferentes tipos de OSC; como a este propósito observou Gramsci (1998, p. 265), "Sempre sucede que os indivíduos pertencem a mais do que a uma associação privada, e frequentemente a associações que estão objetivamente em contradição umas com as outras", segundo ele uma consequência da inexistência de indivíduos totalmente desorganizados, pelo menos em termos não formais.

3. A educação não formal e a emergência de novos processos de formalização

Dados de pesquisa, obtidos principalmente no norte de Portugal ao longo dos últimos anos, têm permitido confirmar empiricamente alguns dos impactos educativos e organizacionais com origem nos diferentes tipos de OSC antes esboçados e respectivos projetos educacionais (Lima e Guimarães, 2004; Lima e Afonso, 2006; Lima, Guimarães e Oliveira, 2007; Lima e Guimarães, 2008). Havendo evidência empírica para sustentar as potencialidades das OSC para o desenvolvimento de práticas de aprendizagem e educação orientadas para a participação e a transformação, também existem dados que permitem identificar contradições e paradoxos, bem como formular novas perguntas de pesquisa.

A educação de adultos que é promovida pelas diferentes OSC é popularmente iniciada e, sobretudo, concebida em contextos locais e comunitários, ou é predominantemente uma resposta a políticas governamentais e a programas oficiais que oferecem novas oportunidades de financiamento apenas em certas áreas? As OSC evidenciam projetos educacionais próprios e autônomos, ou preferem seguir uma espécie de discurso oficial, objetivos governamentais e, eventualmente, práticas pedagógicas administradas e superiormente reguladas?

No que à organização e ao governo das OSC se refere, são estas governadas democraticamente, através de processos de autogoverno e de práticas participativas, ou são uma espécie de associações administradas, governadas por regulamentos legais e por processos de prestação de contas e avaliação externa, por adaptação mimética à administração pública, ou até mesmo geridas como empresas privadas e de acordo com imperativos econômicos e gerenciais?

Embora seja necessário desenvolver mais pesquisa para encontrar possíveis respostas às perguntas formuladas, foram já observadas as seguintes tendências: a predominância da formação profissional e da ideologia das "qualificações ao longo da vida" para "o desenvolvimento dos recursos humanos" e a empregabilidade; a pedagogização dos problemas sociais e econômicos, em busca de soluções individuais para problemas estruturais; o discurso do *deficit* de qualificações, da ausência ou das lacunas de competências; a despolitização e naturalização dos problemas sociais, culturais e econômicos; a grande competitividade entre OSC; a crescente importância de novas formas de ativismo, politicamente e socialmente desengajado; a emergência de novas estruturas e relações de poder e também de novos processos de divisão do trabalho; a cooptação de OSC pela administração pública e a sua crescente dependência legal e econômica perante o Estado; a orientação para "grupos-alvo", representados mais como "beneficiários", ou "clientes", mas menos como cidadãos, membros e participantes.

Em termos de teoria organizacional, as OSC como extensões do Estado tendem a mostrar dinâmicas de tipo racional-burocrático, processos de caráter mecanicista, estruturas hierárquicas e tendencialmente monocêntricas. Enquanto unidades de quase-mercado, as OSC apresentam elementos de cultura empresarial, de mercados internos, de processos competitivos e de gestão da qualidade total, frequentemente evidenciando relações com a atividade empresarial e com a burocracia industrial. Finalmente, como OSC críticas e de mudança social tendem a mostrar caraterísticas mais próximas dos conceitos organizacionais de "arena política", "sistema debilmente organizado", "anarquia organizada" e geralmente dos chamados "modelos de ambiguidade" (Bush, 1995), apresentando estruturas internas relativamente descentralizadas e processos de tomada da decisão mais participados, com objetivos que são alvo de disputas por parte de diferentes grupos de interesses.

As acima mencionadas contradições entre o potencial de educação democrática e de participação para a transformação, e as lógicas mais orientadas para a adaptação e o ajustamento, saem reforçadas por outros dados de pesquisa e por evidências empíricas que exigem questionamento futuro. Entre esses destaca-se o que temos vindo a designar por duplo processo de formalização das OSC, com um forte impacto nas suas atividades de aprendizagem e educação ao longo da vida.

Um primeiro processo de formalização ocorre frequentemente no que concerne os projetos e as práticas de educação não formal, agora cada vez mais substituídos por cursos de formação, por processos técnicos de identificação de necessidades de formação, pela produção de qualificações e de competências ajustadas ao crescimento econômico, à empregabilidade e à competitividade no mercado de trabalho. Trata-se, geralmente, de programas de formação profissional, por vezes associando a certificação escolar e a certificação profissional, dirigidos à qualificação da mão de obra assalariada e a trabalhadores desempregados. A existência de parcerias com o Estado, de requisitos legais, de referenciais de competências-chave, de dimensões curriculares oficiais, de processos de avaliação sumativa e externa, de metas quantitativas de certificação, são alguns dos elementos que permitiram identificar novos processos de formalização da educação não formal. Nalguns casos, tais modalidades educativas, embora inicialmente concebidas e oficialmente apresentadas como de tipo não formal, são agora socialmente representadas como de caráter formal, ou mesmo de natureza escolar, não apenas de um ponto de vista conceitual, mas também de um ponto de vista legal e, até, pedagógico. Recorde-se que as abordagens democráticas e socioeducativas da educação não formal conferem protagonismo à produção coletiva do conhecimento, através de variados processos de mobilização política, cultural e educacional (ver Gohn, 2010, p. 93).

Um segundo processo de formalização ocorre em termos organizacionais no interior das OSC, devido à crescente racionalização, hierarquização nas relações de poder, especialização e divisão do trabalho. Por um lado, a contratação de profissionais com formação universitária revelou-se indispensável para enfrentar a grande complexidade dos projetos educacionais, em termos de concepção, implementação e avaliação, incluindo o conhecimento técnico e legal necessário para preparar propostas a concursos nacionais e internacionais de financiamento. Contudo, por outro lado, esses novos profissionais e os seus saberes especializados introduziram uma maior diferenciação e hierarquização, dado o protagonismo da racionalidade técnica, o que algumas vezes significou o afastamento de líderes não profissionais e de militantes e ativistas voluntários. Também os processos de gestão, e especialmente as regras de gestão financeira, para além dos procedimentos de prestação de contas e de avaliação externa, vieram reforçar as tendências para uma formalização das estruturas organizacionais informais, tão tradicionais nas OSC ainda há uma ou duas décadas atrás. As potencialidades democráticas e participativas dessas organizações, representadas como alternativas à dominação racional-legal, ou burocrática, através de estruturas informais mais flexíveis, descentralizadas e autônomas, e de processos de autogoverno, embora não definitivamente afastadas, revelam já sinais de um processo de erosão.

No limite, pode tornar-se bastante mais difícil promover a educação para a democracia e para a participação crítica e transformadora a partir de OSC que parcialmente abandonaram já certas formas de governação democrática, certos processos de participação na tomada da decisão, certas formas de mobilização social e educativa que herdaram da educação popular e dos movimentos sociais. A participação para a transformação é, realmente, uma aquisição histórica e um dos maiores contributos educacionais de certas OSC mas, atualmente, é também um tesouro democrático de certa forma sitiado, e por vezes reconvertido, exigindo mais pesquisa em termos de políticas e de práticas educativas, e mais advocacia e argumentação crítica por partes dos seus defensores.

Referências bibliográficas

ADORNO, T. W. *Educação e emancipação*. Rio de Janeiro: Paz e Terra, 2000.

AFONSO, A. J. A sociologia da educação não-escolar e a formação de animadores/agentes de desenvolvimento local. *Forum*, 6, 73-92, 1989.

_____. Políticas avaliativas e *accountability* em educação — subsídios para um debate iberoamericano. *Sísifo*, 9, 57-70, 2009a.

_____. Nem tudo o que conta em educação é mensurável. Crítica à *accountability* baseada em testes estandardizados e rankings escolares. *Revista Lusófona de Educação*, 13, 13-29, 2009b.

ALHEIT, P. On a contradictory way to the "Learning Society": a critical approach. *Studies in the Education of Adults*, 31 (1), 66-82, 1999.

_____; DAUSIEN, B. The "double face" of lifelong learning: two analytical perspectives on a "silent revolution". *Studies in the Education of Adults*, 34 (1), 3-22, 2002.

ANTUNES, F. *A nova ordem educacional. Espaço europeu de educação e aprendizagem ao longo da vida*. Coimbra: Almedina, 2008.

ANTUNES, F. Governação, reformas do Estado e políticas de educação em Portugal: pressões globais e especificidades nacionais, tensões e ambivalências. *Revista Crítica de Ciências Sociais*, 92, 3-29, 2011.

ANTUNES, R. *Adeus ao trabalho? Ensaio sobre as metamorfoses e a centralidade do mundo do trabalho*. São Paulo: Cortez, 1995.

APPLE, M. W. Democratic education in neoliberal and neoconservative times. *International Studies in Sociology of Education*, 21 (1), 21-31, 2011.

ARENDT, H. *The human condition*. Chicago: The University of Chicago Press, 1984.

ARMITAGE, J. Project(ile)s of hypermodern(organ)ization. *Ephemera*, 1 (2), 131-48, 2001.

BALL, S. J. Reformar escolas/reformar professores e os terrores da performatividade. *Revista Portuguesa de Educação*, 15 (2), 3-23, 2002.

_____. *Education plc. Understanding private sector participation in public sector education*. Londres: Routledge, 2007.

BARROSO, J. Regulação e desregulação nas políticas educativas: tendências emergentes em estudos de educação comparada. In: _____ (Org.). *A escola pública. Regulação, desregulação, privatização*. Porto: Asa, 2003. p. 19-48.

_____; AFONSO, Natércio (Orgs.). *Políticas educativas. Mobilização de conhecimentos e modos de regulação*. V. N. Gaia: Fundação Manuel Leão, 2011.

BAUMAN, Z. *Vidas desperdiçadas*. Rio de Janeiro: Jorge Zahar Editor, 2005.

BECK, U. *Risk society. Towards a new modernity*. Londres: Sage, 1992.

BERNSTEIN, B. Das pedagogias aos conhecimentos. *Educação, Sociedade & Culturas*, 15, 9-17, 2001.

BOBBIO, N. *Gramsci e o conceito de sociedade civil*. São Paulo: Paz e Terra, 1999.

BOSHIER, R. Edgar Faure after 25 years: down but not out. In: HOLFORD, J.; JARVIS, P.; GRIFFIN, C. (Orgs.). *International perspectives on lifelong learning*. Londres: Kogan Page, 1998. p. 3-20.

BOURDIEU, P. *Contre-feux 2. Pour un mouvement social européen*. Paris: Raisons d'Agir, 2001.

BRUNSSON, N. A organização da hipocrisia. Porto: Asa, 2006.

_____; OLSEN, J. P. *The reforming organization*. Londres: Routledge, 1993.

BUSH, T. *Theories of educational management*. Londres: Paul Chapman, 1995.

CANÁRIO, R. Aprender sem ser ensinado. A importância estratégica da educação não formal. In: SPCE (Ed.). *A educação em Portugal (1986-2006). Alguns contributos de investigação*. Lisboa: Conselho Nacional de Educação, 2007. p. 207-67.

CASTRO, R. V. (Org.). *Contexto organizacional, orientações e práticas de educação de adultos. Os cursos EFA numa associação local*. Vila Verde: Associação de Desenvolvimento das Terras Altas do Homem, Cávado e Ave e Unidade de Educação de Adultos da Universidade do Minho, 2007.

CAVACO, C. *Aprender fora da escola. Processos de formação experencial*. Lisboa: Educa, 2002.

_____. *Adultos pouco escolarizados. Políticas e práticas de formação*. Lisboa: Educa, 2009.

CCE — Comissão das Comunidades Europeias. *Livro branco sobre a educação e a formação. Ensinar a aprender. Rumo à sociedade cognitiva*. Bruxelas: CCE, 1995.

_____. *Rumo a um espaço europeu da investigação*. Bruxelas: União Europeia, 2000.

_____. *Livro verde. O espaço europeu da investigação: novas perspectivas*. Bruxelas: União Europeia, 2007.

CE — Comissão Europeia. *Apoiar o crescimento e o emprego — Uma agenda para a modernização dos sistemas de ensino superior da Europa*. Bruxelas: União Europeia, 2011.

CEU — Council of the European Union. *Council conclusion on the Launch of the "Ljubljana Process". Towards full realisation of ERA*. Bruxelas: União Europeia, 2008.

DIDEROT, D. *Oeuvres philosophiques* (Ed. Paul Vernière). Paris: Classiques Garnier, 1998.

DOWBOR, L. *Tecnologias do conhecimento*. Os desafios da educação. Petrópolis: Vozes, 2001.

ENQA — European Association for Quality Assurance in Higher Education. *Quality assurance of higher education in Portugal. An assessment of the existing system and recommendations for a future system*. Occasional Papers, 10. Helsínquia: ENQA, 2006.

ERASMIE, T.; LIMA, L. C.; PEREIRA L. C. Adult Education and community development: experiences from programs in Northern Portugal. *Convergence*, 4, 17-26, 1984.

FAURE, E. *Aprender a ser*. Lisboa: Livraria Bertrand, 1977 (1. ed., 1972).

FONTOURA, M. M. Política e acção pública. Entre uma regulação centralizada e uma regulação multipolar. *Revista Portuguesa de Educação*, 21 (2), 5-31, 2008.

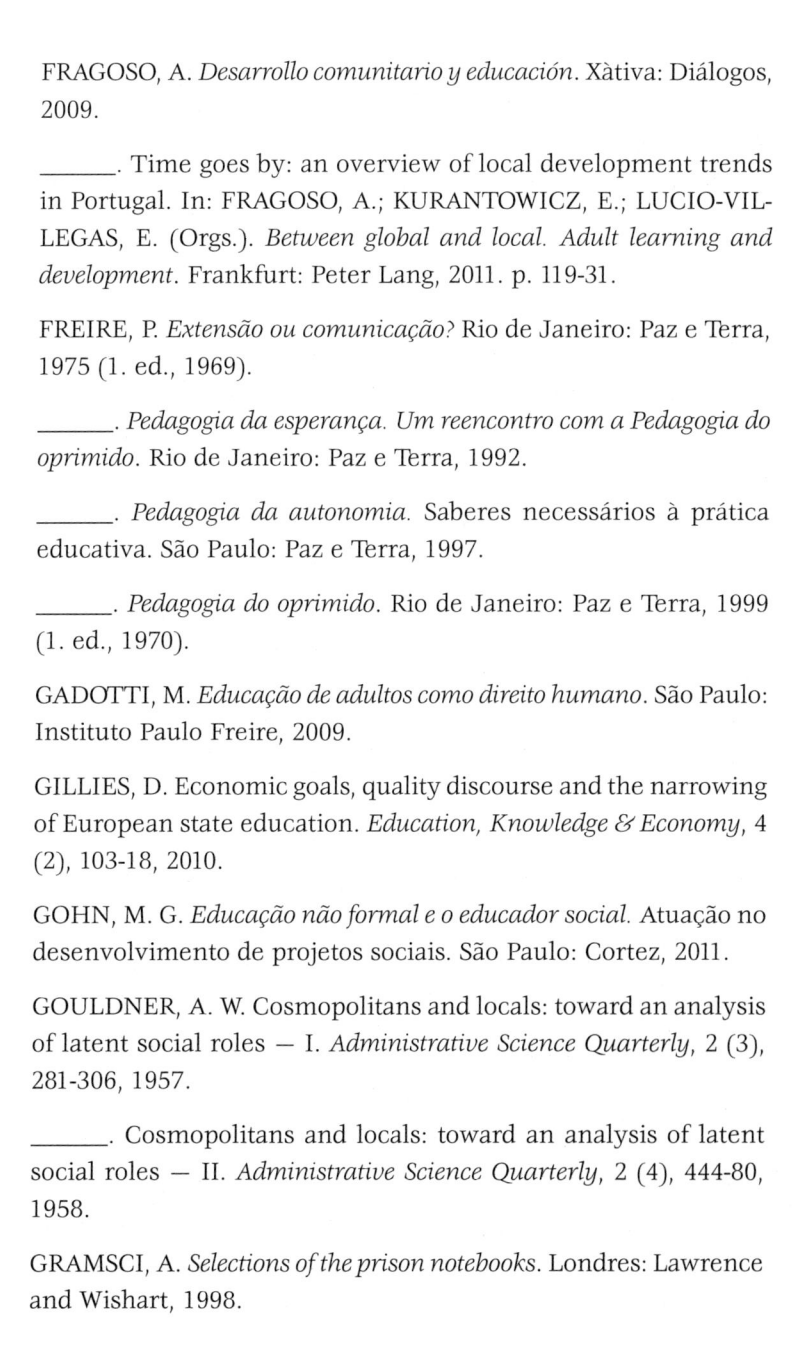

FRAGOSO, A. *Desarrollo comunitario y educación.* Xàtiva: Diálogos, 2009.

_____. Time goes by: an overview of local development trends in Portugal. In: FRAGOSO, A.; KURANTOWICZ, E.; LUCIO-VILLEGAS, E. (Orgs.). *Between global and local. Adult learning and development.* Frankfurt: Peter Lang, 2011. p. 119-31.

FREIRE, P. *Extensão ou comunicação?* Rio de Janeiro: Paz e Terra, 1975 (1. ed., 1969).

_____. *Pedagogia da esperança. Um reencontro com a Pedagogia do oprimido.* Rio de Janeiro: Paz e Terra, 1992.

_____. *Pedagogia da autonomia.* Saberes necessários à prática educativa. São Paulo: Paz e Terra, 1997.

_____. *Pedagogia do oprimido.* Rio de Janeiro: Paz e Terra, 1999 (1. ed., 1970).

GADOTTI, M. *Educação de adultos como direito humano.* São Paulo: Instituto Paulo Freire, 2009.

GILLIES, D. Economic goals, quality discourse and the narrowing of European state education. *Education, Knowledge & Economy*, 4 (2), 103-18, 2010.

GOHN, M. G. *Educação não formal e o educador social.* Atuação no desenvolvimento de projetos sociais. São Paulo: Cortez, 2011.

GOULDNER, A. W. Cosmopolitans and locals: toward an analysis of latent social roles — I. *Administrative Science Quarterly*, 2 (3), 281-306, 1957.

_____. Cosmopolitans and locals: toward an analysis of latent social roles — II. *Administrative Science Quarterly*, 2 (4), 444-80, 1958.

GRAMSCI, A. *Selections of the prison notebooks.* Londres: Lawrence and Wishart, 1998.

GUIMARÃES, P. Innovations outside the formal system: new forms of promoting adult learning. In: LIMA, L. C.; GUIMARÃES, P. (Orgs.). *Perspectives on adult education in Portugal*. Braga: Unidade de Educação de Adultos da Universidade do Minho, 2004. p. 91-104.

_____. *Políticas de Educação de Adultos em Portugal (1995-2006)*: a emergência da educação para a competitividade. Braga: Instituto de Educação da Universidade do Minho, 2011.

_____; SANCHO, A. V. Popular organisations and popular education in Portugal. In: CROWTHER, J.; GALLOWAY, V.; MARTIN, I. (Orgs.). *Popular education*: engaging the academy. International perspectives. Leicester: NIACE, 2005. p. 53-62.

HADDAD, S.; DI PIERRO, M. C. Escolarização de jovens e adultos. *Revista Brasileira de Educação*, 14, 108-30, 2000.

HAKE, B. J. Late modernity and learning society: problematic articulations between social arenas, organizations and individuals. In: CASTRO, R. V.; SANCHO, A. V.; GUIMARÃES, P. (Orgs.). *Adult education. New routes in a new landscape.* Braga: Unit for Adult Education of the University of Minho, 2006. p. 31-56.

HEFCE — Higher Education Funding Council for England. (2009) *Research excellence framework. Second consultation on the assessment and funding of research.* Disponível em: < http://www.hefce.ac.uk/pubs/hefce/2009/09_38/09_38.pdf >

HELVÉTIUS, C. A. *De l'Homme, de ses facultés intellectuelles et de son éducation.* Londres: Chez la Société Typographique, 1773. 2 v.

HESSEL, S.; MORIN, E. *Le chemin de l'espérance.* Paris: Fayard, 2011.

HMSO (2006). *Leitch Review of Skills*: Prosperity for all in the global economy- world class skills. Norwich: HMT. Disponível em: < hm-treasury.gov.uk/leitch > Acesso em: out. 2011.

JARVIS, P. Globalização e o mercado da aprendizagem. In: LIMA, L. C. (Org.). *Educação de adultos. Forum II.* Braga: Unidade de Educação de Adultos da Universidade do Minho, 2000. p. 29-41.

KOONTZ, H.; O'DONNELL, C. *Princípios de administração. Uma análise das funções administrativas*. São Paulo: Livraria Pioneiro Editora. 1973. v. 1 (1. ed., 1955).

LANE, J.-E. Conclusion. In: _____ (Org.). *Public sector reform. Rationale, trends and problems*. Londres: Sage, 1997. p. 301-7.

_____. Scientific neutrality and objectivity 100 years after Weber: still relevant in the era of Big Science? In: ENDERS, J.; VAN VUGHT (Orgs.). *Towards a cartography of higher education policy change. A* festschrift *in honour of Guy Neave*. Enschede: Center for Higher Education Policy Studies, 2007. p. 339-46.

LESSARD, C. O debate americano sobre a certificação dos professores e a armadilha de uma política educativa "baseada na evidência". *Linhas Críticas*, 15 (28), 63-94, 2009.

_____. Pesquisa e políticas educativas: uma interface problemática. In: OLIVEIRA, D. A.; DUARTE, A. (Orgs.). *Políticas públicas e educação*: regulação e conhecimento. Belo Horizonte: Fino Traço Editora, 2011. p. 47-70.

LIMA, L. C. As associações como instâncias educativas promotoras de desenvolvimento. *Revista Gil Vicente*, 12, 357-64, 1982.

_____. *Associações para o desenvolvimento no Alto Minho*. Viana do Castelo: Centro Cultural do Alto Minho, 1986.

_____. Crítica da racionalidade técnico-burocrática em educação: das articulações e desarticulações entre investigação e acção. In: Sociedade Portuguesa de Ciências da Educação (Ed.). *Ciências da Educação*: Investigação e Acção. Actas do II Congresso. Porto: SPCE, 1995. p. 25-37, v. I.

_____. *Educação ao longo da vida. Entre a mão direita e a mão esquerda de Miró*. São Paulo: Cortez, 2007a.

_____. Abordagem político-organizacional da assessoria em educação. In: COSTA, J. A.; NETO-MENDES, A.; VENTURA, A. (Orgs.).

A assessoria na educação em debate. Aveiro: Universidade de Aveiro, 2007b. p. 13-30.

_____. Avaliação, competitividade e hiper-burocracia. In: ALVES, M. P.; DE KETELE, J.-M. (Orgs.). *Do currículo à avaliação, da avaliação ao currículo.* Porto: Porto Editora, 2011. p. 71-82.

_____; AFONSO, A. J. Estudando as políticas educativas em Portugal. In: _____. *Reformas da educação pública. Democratização, modernização, neoliberalismo.* Porto: Afrontamento, 2002. p. 7-16.

_____; Políticas públicas, novos contextos e actores em educação de adultos. In: LIMA, L. C. (Org.). *Educação não escolar de adultos. Iniciativas de educação e formação em contexto associativo.* Braga: Unidade de Educação de Adultos da Universidade do Minho, 2006. p. 205-29.

_____; AZEVEDO, M.; CATANI, A. O Processo de Bolonha, a avaliação da educação superior e algumas considerações sobre a Universidade Nova. *Avaliação*, 13 (1), 7-37, 2008.

_____; ERASMIE, T. *Inquérito às associações do distrito de Braga.* Braga: Unidade de Educação de Adultos da Universidade do Minho, 1982.

_____; GUIMARÃES, P. Educación permanente, asociativismo y autonomía democrática. In: GUADAS, P. Aparicio (Org.). *Educación permanente, globalización y movimientos sociales.* Xàtiva: Institut Paulo Freire y Crec., 2008. p. 49-66.

_____; GUIMARÃES, P. *European strategies in lifelong learning. A critical introduction.* Opladen & Farmington Hills: Barbara Budrich Publishers, 2011.

_____; GUIMARÃES, P.; OLIVEIRA, R. Organização associativa e produção local de políticas de educação de adultos. In: CASTRO, R. V. (Org.). *O contexto organizacional, orientações e práticas de*

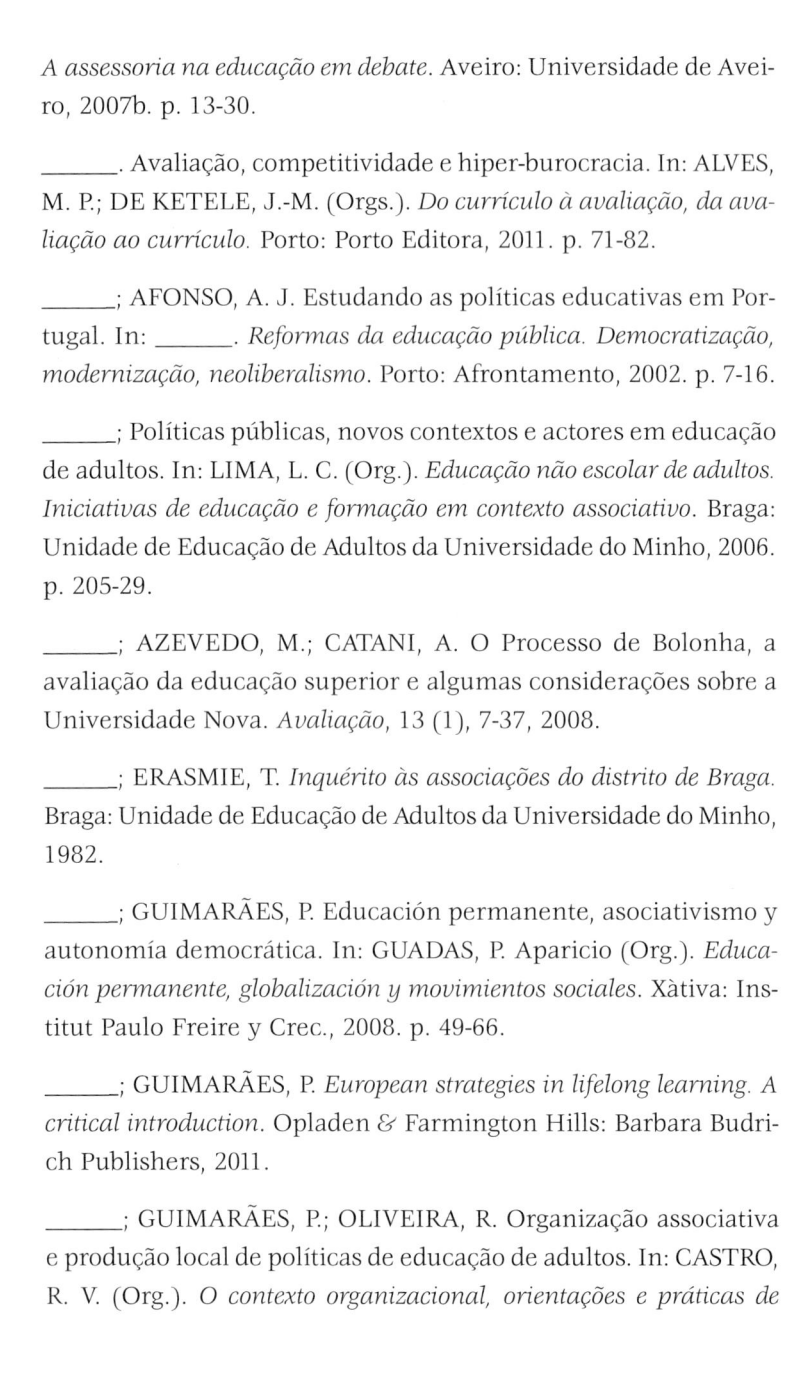

educação de adultos. Os cursos EFA numa associação local. Vila Verde: ATHACA /UEA, 2007. p. 15-45.

_____; SANCHO, A. V. Elementos de análise sócio-organizacional das associações locais. A partir de um inquérito-piloto realizado no concelho de Braga. *Forum*, 5, 77-89, 1989.

_____ (Org.) *Projecto Viana (1983-1988). Um ensaio de investigação participativa.* Braga: Unidade de Educação de Adultos da Universidade do Minho, 1990.

_____ (Org.) *Educação não escolar de adultos. Iniciativas de educação e formação em contexto associativo.* Braga: Unidade de Educação de Adultos da Universidade do Minho, 2006.

_____; GUIMARÃES, P. (Orgs.) *Perspectives on adult education in Portugal*. Braga: Unidade de Educação de Adultos da Universidade do Minho, 2004.

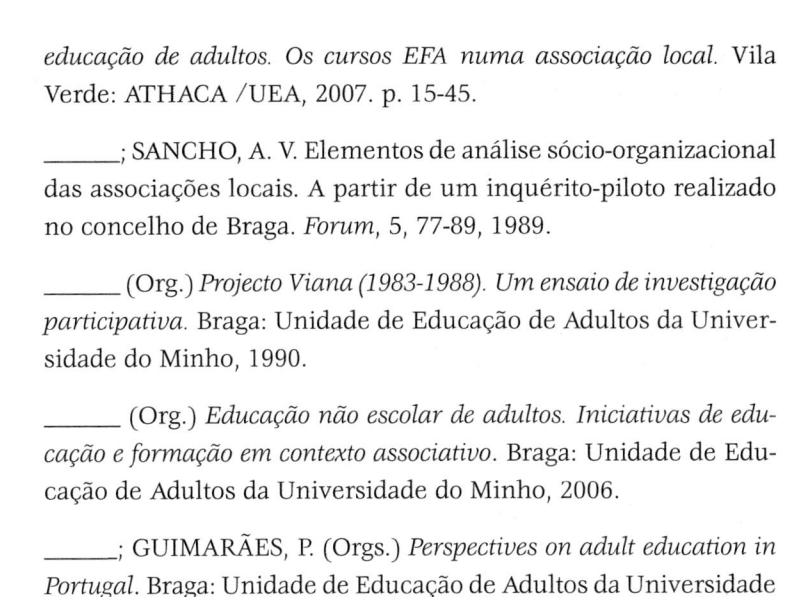

LOUREIRO, A. (Org.) *O trabalho técnico-intelectual em educação de adultos: Contribuição etnossociológica para a compreensão de uma ocupação educativa.* Cascais: Sururu, 2009.

MAGALHÃES, A. M. The creation of the EHEA, the "learning outcomes" and the transformation of educational categories in higher education. *Educação, Sociedade & Culturas*, 31, 37-50, 2010.

MARTINS, H. (2004/7). The marketisation of universities and some cultural contradictions of academic knowledge-capitalism. Metacrítica, 4, com aditamentos de 2007. Disponível em: < http://www.herminiomartins.com >.

MAYO, P. *Gramsci, Freire and adult education. Possibilities for transformative action.* Londres: Zed Books, 1999.

MEIRIEU, Ph.; FRACKOWIAK, P. *L'education peut-elle être encore au coeur d'un project de société?* La Tour d'Aigues: Éditions de L'Aube, 2008.

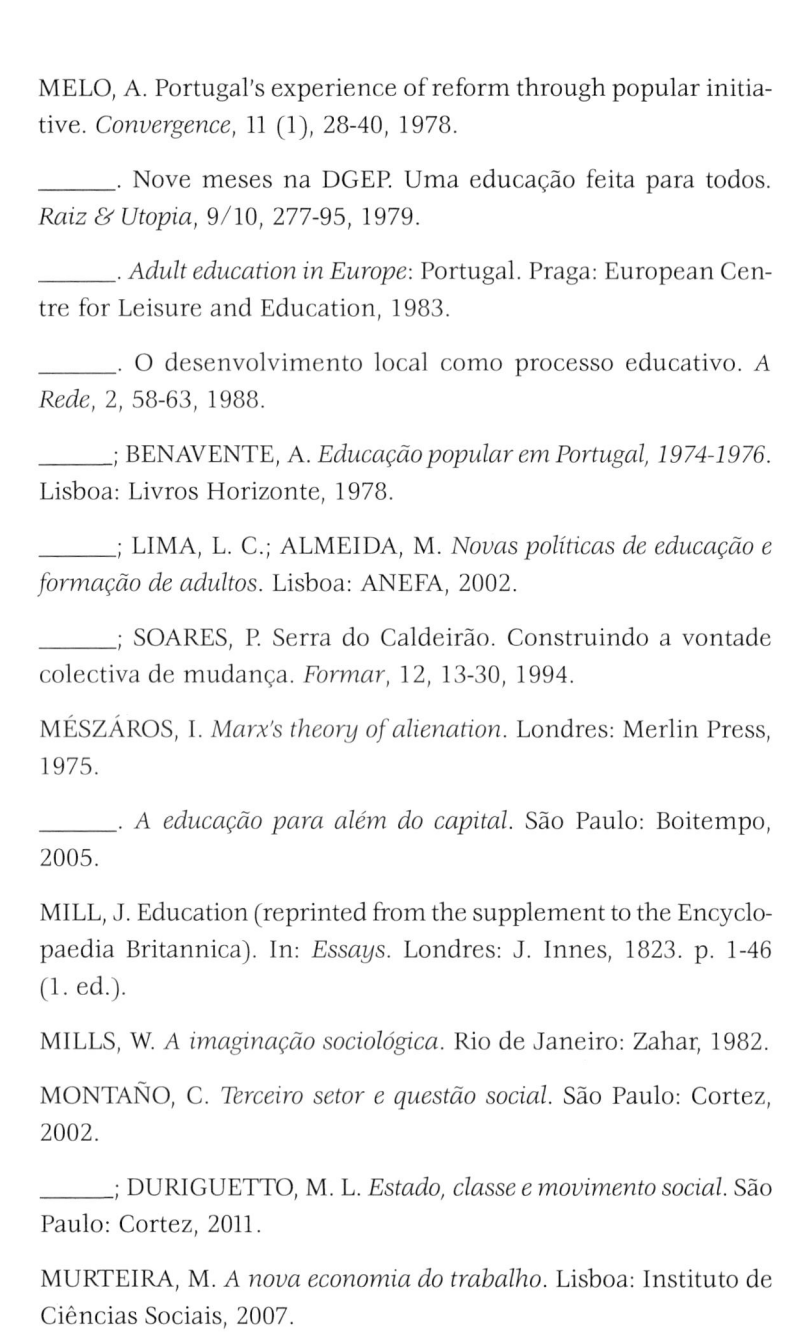

MELO, A. Portugal's experience of reform through popular initiative. *Convergence*, 11 (1), 28-40, 1978.

_____. Nove meses na DGEP. Uma educação feita para todos. *Raiz & Utopia*, 9/10, 277-95, 1979.

_____. *Adult education in Europe*: Portugal. Praga: European Centre for Leisure and Education, 1983.

_____. O desenvolvimento local como processo educativo. *A Rede*, 2, 58-63, 1988.

_____; BENAVENTE, A. *Educação popular em Portugal, 1974-1976*. Lisboa: Livros Horizonte, 1978.

_____; LIMA, L. C.; ALMEIDA, M. *Novas políticas de educação e formação de adultos*. Lisboa: ANEFA, 2002.

_____; SOARES, P. Serra do Caldeirão. Construindo a vontade colectiva de mudança. *Formar*, 12, 13-30, 1994.

MÉSZÁROS, I. *Marx's theory of alienation*. Londres: Merlin Press, 1975.

_____. *A educação para além do capital*. São Paulo: Boitempo, 2005.

MILL, J. Education (reprinted from the supplement to the Encyclopaedia Britannica). In: *Essays*. Londres: J. Innes, 1823. p. 1-46 (1. ed.).

MILLS, W. *A imaginação sociológica*. Rio de Janeiro: Zahar, 1982.

MONTAÑO, C. *Terceiro setor e questão social*. São Paulo: Cortez, 2002.

_____; DURIGUETTO, M. L. *Estado, classe e movimento social*. São Paulo: Cortez, 2011.

MURTEIRA, M. *A nova economia do trabalho*. Lisboa: Instituto de Ciências Sociais, 2007.

NETA, M. A. P. B. O "desencantamento do mundo" e a sua relação com a educação moderna. *Linhas Críticas*, 15 (2), 135-52, 2009.

NEAVE, G. The changing "vision thing". Academia and the changing mission of higher education. *Educação, Sociedade & Culturas*, 31, 15-36, 2010.

NOGUEIRA, A. J. *Para uma educação permanente à roda da vida*. Lisboa: Instituto de Inovação Educacional, 1996.

NORBECK, J. *Associações populares para o desenvolvimento*. Lisboa: DGEA, 1983.

NÓVOA, A. Ways of thinking about education in Europe. In: _____; LAWN, M. (Orgs.). *Fabricating Europe. The formation of an European space*. Dordrecht: Kluwer Academic Publishers, 2002. p. 131-55.

OLIVEIRA, D. As políticas públicas em educação e a pesquisa acadêmica. In: _____; DUARTE, A. (Orgs.). *Políticas públicas e educação: regulação e conhecimento*. Belo Horizonte: Fino Traço Editora, 2011. p. 71-89.

PARO, V. Parem de preparar para o trabalho!!! Reflexões acerca dos efeitos do neoliberalismo sobre a gestão e o papel da escola básica. In: FERRETTI, C. J.; SILVA JR., J. R.; OLIVEIRA, M. R. N. S. (Orgs). *Trabalho, formação e currículo. Para onde vai a escola?* São Paulo: Xamã, 1999. p. 101-20.

_____. *Educação como exercício do poder. Crítica ao senso comum em educação*. São Paulo: Cortez, 2008.

PORTER, M. E. *A vantagem competitiva das nações*. Rio de Janeiro: Campus, 1993.

QUELHAS, A. P. S. *A refundação do papel do Estado nas políticas sociais*. Coimbra: Almedina, 2001.

RIZZI, B. *A burocratização do mundo*. Lisboa: Edições Antígona, 1983 (1. ed., 1939).

ROTHES, L. *Recomposição induzida do campo da educação básica de adultos.* Lisboa: FCT/FCG, 2009.

RUMMERT, S. M. *Gramsci, trabalho e educação. Jovens e adultos pouco escolarizados no Brasil atual.* Lisboa: Educa, 2007.

RUSSELL, B. *História da filosofia ocidental.* Lisboa: Círculo de Leitores, 1977. v. II.

SÁ, R. *Políticas para a educação de adultos em Portugal*: a governação pluriescalar da "Nova educação e formação de adultos" (1996-2006). Braga: Instituto de Educação da Universidade do Minho, 2009.

SALT, B. Factors enabling and constraining worker education programs' responses to neo-liberal globalisation. *Studies in Continuing Education*, 22 (1), 115-44, 2000.

SANCHO, A. V. Seeking inclusion and averting cultural and social exclusion. In: LIMA, L. C.; GUIMARÃES, P. (Orgs.). *Perspectives on adult education in Portugal.* Braga: Unidade de Educação de Adultos da Universidade do Minho, 2004. p. 105-28.

SCHULTHEIS, F.; ROCA I ESCODA, M.; COUSIN, P.-F. (Orgs.) *Le cauchemar de Humboldt. Les reformes de l'enseignement supérieur européen.* Paris: Raisons d'Agir, 2008.

SEMERARO, G. *Gramsci e a sociedade civil.* Petrópolis: Vozes, 2001.

SENNETT, R. *A cultura do novo capitalismo.* Rio de Janeiro: Record, 2006.

_____. *The craftsman.* Londres: Allen Lane, 2008.

SIEVERS, B. The psychotic university. *Ephemera*, 8 (3), 238-57, 2008.

SILVA, A. S. *Tempos cruzados. Um estudo interpretativo da cultura popular.* Porto: Afrontamento, 1994.

SILVA, L. C. Marxismo, filosofia da libertação. In: _____. *Ensaios de filosofia e cultura*. Braga: Faculdade de Filosofia, 1994. p. 365-78.

SILVA, M. I. L. *Práticas educativas e construção de saberes. Metodologias da investigação-acção*. Lisboa: Instituto de Inovação Educacional, 1996.

STOER, S. R. Notas sobre o desenvolvimento da sociologia da educação em Portugal. In: ESTEVES, A. J.; STOER, S. R. (Orgs.). *A sociologia na escola. Professores, educação e desenvolvimento*. Porto: Afrontamento, 1992. p. 25-52.

TORRES, C. A. Dançando no convés do Titanic: a educação de adultos, o Estado-nação e os novos movimentos sociais. In: TEODORO, A.; JEZINE, E. (Orgs.). *Movimentos sociais e educação de adultos na Ibero-América*. Brasília: Liber Livro Editora, 2011. p. 33-59.

UNESCO. *Marco de ação de Belém. Sexta conferência internacional de educação de adultos*. Brasília: Unesco, 2009.

WEBB, P. T. The autonomy of accountability. *Journal of Education Policy*, 20 (2), 189-208, 2005.

WEBER, M. *O político e o cientista*. Lisboa: Presença, 1973.

_____. *Economía y sociedad. Esbozo de sociología compreensiva*. México: Fondo de Cultura Económica, 1984.

WRIGHT, E. O. Compass points. Towards a socialist alternative. *New Left Review*, 41, 93-124, 2006.

YOUNG, M. *The rise of the meritocracy 1870-2033*: an essay on education and equality. Londres: Thames and Hudson, 1958.

Impressão e acabamento
Imprensa da Fé